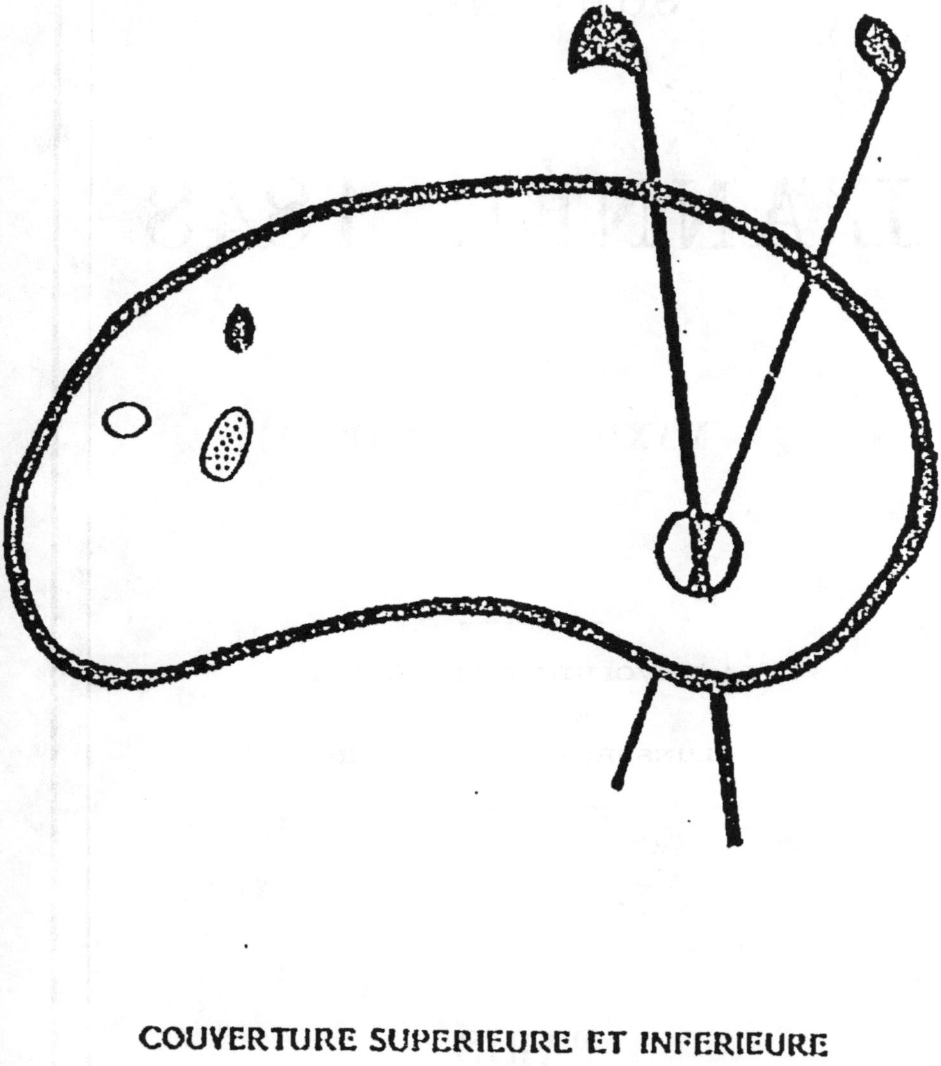

COUVERTURE SUPERIEURE ET INFERIEURE
EN COULEUR

SOUVENIRS

DE

L'ANNÉE 1848

PAR

MAXIME DU CAMP

LA RÉVOLUTION DE FÉVRIER
LE 15 MAI
L'INSURRECTION DE JUIN

PARIS
LIBRAIRIE HACHETTE ET Cie
79, BOULEVARD SAINT-GERMAIN, 79

1876

Librairie HACHETTE et Cie, boulevard Saint-Germain, 79, à Paris

BIBLIOTHÈQUE VARIÉE, FORMAT IN-18 JÉSUS, A 3 FR. 50 C. LE VOL.

About (Edmond). L'Alsace. 1 vol. — Causeries. 2 vol. — La Grèce contemporaine. 1 vol. — Le progrès. 1 vol. — Le turco. 1 vol. — Madelon. 1 vol. — Salons de 1864 et 1866. 2 vol. — Théâtre impossible. 1 vol. — A B C du travailleur. 1 vol. — Les mariages de province. 1 vol. — Le mari imprévu. 1 v. — Le fellah. 1 vol.
Barrau. Histoire de la Révolution française. 1 vol.
Bautain (L'abbé). La belle saison à la campagne. 1 vol. — La chrétienne de nos jours. 2 vol. — Le chrétien de nos jours. 2 vol. — Les choses de l'autre monde. 1 vol. — La religion et la liberté. 1 v. — Manuel de philosophie morale. 1 vol. — Etude sur l'art de parler en public. 1 vol.
Baudrillart. Economie politique populaire. 1 vol.
Belloy (De). Le chevalier d'Ar. 1 vol. — Légendes fleuries. 2 vol.
Bersot. Mesmer, ou le magnétisme animal. 1 vol. — Les tables tournantes et les esprits. 1 vol.
Boissier. Cicéron et ses amis. 1 vol.
Bréal (M.). Quelques mots sur l'instruction publique. 1 vol.
Busquet (A.). Le poème des heures. 1 vol.
Byron (Lord). Œuvres complètes. Traduction B. Laroche. 4 vol.
Calemard de la Fayette (Ch.). Le poème des champs. 1 vol.
Caro. Etudes morales. 2 vol. — L'idée de Dieu. 1 vol. — Le matérialisme et la science. 1 vol. — Les jours d'épreuve. 1 vol.
Cervantès. Don Quichotte, trad. Viardot. 2 vol.
Charpentier. Ecrivains latins de l'empire. 1 vol.
Chateaubriand. Le génie du christianisme. 4 vol. — Les martyrs. 1 vol. — Atala, René, les Natchez. 1 vol.
Cherbuliez (Victor). Comte Kostia. 1 vol. — Paule Méré. 1 vol. — Roman d'une honnête femme. 1 vol. — Le grand-œuvre. 1 vol. — Prosper Randoce. 1 vol. — L'aventure de Ladislas Bolski. 1 vol. — La revanche de Joseph Noirel. 1 vol.
Crépet (E.). Le trésor épistolaire de la France. 2 v.
Cucheval (V.). Histoire de l'éloquence latine. 1 v.
Dante. La divine comédie, trad. Florentino. 1 vol.
Daumas (E.). Mœurs et coutumes de l'Algérie. 1 v.
Deschanel (Em.). Etudes sur Aristophane. 1 vol.
Duruy (V.). De Paris à Vienne. 1 vol. — Introduction à l'histoire de France. 1 vol.
Duval (Jules). Notre planète. 1 vol.
Ferry (Gabriel). Le coureur des bois. 2 vol. — Costal l'Indien. 1 vol.
Figuier (Louis). Histoire du merveilleux. 4 vol. — L'alchimie et les alchimistes. 1 vol. — L'année scientifique. 18 années (1856-1875). 18 vol. — Le lendemain de la mort. 1 vol.
Flammarion (C.). Contemplations scientifiques. 1 v.
Fléchier. Les grands jours d'Auvergne. 1 vol.
Fustel de Coulanges. La cité antique. 1 vol.
Garnier (Ad.). Traité des facultés de l'âme. 3 vol.
Garnier (Charles). A travers les arts. 1 vol.
Guizot (F.). Un projet de mariage royal. 1 vol. — Le duc de Broglie. 1 vol.
Houssaye (A.). Le 41e fauteuil. 1 vol. — Violon de Franjolé. 1 vol. — Voyages humoristiques. 1 vol.
Hugo (Victor). Notre-Dame de Paris. 2 vol. — Bug-Jargal, etc. 1 vol. — Han d'Islande, Discours. 2 v. — Littérature et philosophie mêlées. 2 vol. — Odes et ballades. 1 vol. — Orientales, Feuilles d'automne, Chants du crépuscule. 1 vol. — Voix intérieures, les Rayons et les Ombres. 1 v. — Théâtre. 4 vol. — Le Rhin. 3 vol. — Les Contemplations. 2 vol. — Légende des siècles. 1 vol.
Ideville (H. d'). Journal d'un diplomate. 1 vol.
Joanne (Ad.). Albert Fleurier. 1 vol.

Jouffroy. Cours de droit naturel. 2 vol. — Cours d'esthétique. 1 vol. — Mélanges philosophiques. 1 v. — Nouveaux mélanges philosophiques. 1 vol.
Jurien de la Gravière (l'amiral). Souvenirs d'un amiral. 2 vol. — La marine d'autrefois. 1 vol. — La marine d'aujourd'hui. 1 vol.
La Landelle (G. de). Le tableau de la mer. 4 vol.
Lamartine (A. de). Méditations poétiques. 2 vol. — Harmonies poétiques. 1 vol. — Recueillements poétiques. 1 vol. — Jocelyn. 1 vol. — La chute d'un ange. 1 vol. — Voyage en Orient. 2 vol. — Histoire des Girondins. 6 vol. — Confidences. 1 vol. — Nouvelles confidences. 1 vol. — Lectures pour tous. 1 vol. — Souvenirs et portraits. 3 vol.
Laveleye (Emile de). Etudes et essais. 1 vol.
Malherbe. Œuvres poétiques. 1 vol.
Marmier (Xavier). Gazida. 1 vol. — Hélène et Suzanne. 1 vol. — Histoire d'un pauvre musicien. 1 vol. — Le roman d'un héritier. 1 vol. — Les fiancés du Spitzberg. 1 vol. — Mémoires d'un orphelin. 1 vol. — Sous les sapins. 1 vol. — La recherche de l'idéal. 1 vol. — Voyages. 3 vol.
Martha. Les moralistes sous l'empire romain. 1 vol.
Michelet. La femme. 1 vol. — La mer. 1 vol. — L'amour. 1 v. — L'insecte. 1 v. — L'oiseau. 1 v.
Nisard. Les poètes latins de la décadence. 2 vol.
Nourrisson. Les Pères de l'Eglise latine. 2 vol.
Patin. Etudes sur les tragiques grecs. 4 vol. — Etudes sur la poésie latine. 2 vol.
Pfeiffer (Mme Ida). Voyages d'une femme. 3 vol.
Prévost-Paradol. Etudes sur les moralistes français. 1 vol. — Histoire universelle. 2 vol.
Quatrefages (De). Unité de l'espèce humaine. 1 v
Sainte-Beuve. Port-Royal. 7 vol.
Saintine (X.-B.). Le chemin des écoliers. 1 vol. — Piccola. 1 vol. — Seul! 1 vol. — La mythologie du Rhin. 1 vol.
Sévigné (Mme de). Lettres. 8 vol.
Shakespeare. Œuvres, traduction Montégut. 10 v.
Simon (Jules). La liberté politique. 1 vol. — La liberté civile. 1 vol. — La liberté de conscience. 1 v — La religion naturelle. 1 vol. — Le devoir. 1 vol. — L'ouvrière. 1 vol.
Taine (H.). Essai sur Tite Live. 1 vol. — Essais de critique et d'histoire. 1 vol. — Nouveaux essais. 1 vol. — Histoire de la littérature anglaise. 5 vol. — La Fontaine et ses fables. 1 vol. — Les philosophes français au xixe siècle. 1 vol. — Voyage aux Pyrénées. 1 v. — M. Graindorge (notes sur Paris). 1 vol. — Notes sur l'Angleterre. 1 vol. — Un séjour en France de 1792 à 1795. 1 vol.
Topffer (Rod.). Nouvelles genevoises. 1 vol. — Rosa et Gertrude. 1 vol. — Le presbytère. 1 vol. — Réflexions et menus propos d'un peintre. 1 vol.
Traductions des chefs-d'œuvre de la littérature grecque. Anthologie. 2 vol. — Aristophane. 1 vol. — Diodore de Sicile. 4 vol. — Eschyle. 1 vol. — Hérodote. 1 vol. Homère. 1 vol. — Lucien. 2 v. — Plutarque. 9 vol. — Strabon. 3 vol. — Thucydide. 1 vol. — Xénophon. 2 vol.
Traductions des chefs-d'œuvre de la littérature latine. Horace. 1 vol. — Plaute. 2 vol. — Les satiriques. 1 vol. — Sénèque. 2 vol. — Tacite. 1 v. — Tite Live. 4 vol. — Virgile. 1 vol.
Troplong. De l'influence du christianisme sur le droit civil des Romains. 1 vol.
Viardot. Musées d'Europe. 5 vol.
Viennet. Fables complètes. 1 vol.
Vivien de St-Martin. L'année géographique. 10 années (1863-1872). 9 vol.
Wallon. Vie de N.-S. Jésus-Christ. 1 volume. — La sainte Bible. 2 vol.
Wey (Francis). Dick Moon. 1 vol. — La haute Savoie. 1 vol. — Chronique du siège de Paris. 1 vol.
Würtz. Histoire des doctrines chimiques. 1 vol.

Typographie Lahure, rue de Fleurus, 9, à Paris.

SOUVENIRS
DE
L'ANNÉE 1848

PARIS. — TYPOGRAPHIE LAHURE
Rue de Fleurus, 9

SOUVENIRS
DE
L'ANNÉE 1848

PAR

MAXIME DU CAMP

LA RÉVOLUTION DE FÉVRIER
LE 15 MAI
L'INSURRECTION DE JUIN

PARIS
LIBRAIRIE HACHETTE ET Cie
79, BOULEVARD SAINT-GERMAIN, 79
—
1876
Droits de propriété et de traduction réservés

INTRODUCTION

A CHARLES READ

Il est juste que je mette ton nom en tête de ces *souvenirs*, car il est fort probable que sans toi je n'aurais jamais pensé à les communiquer au public. Un jour que nous causions ensemble de la révolution de Février, j'allai fouiller dans mes paperasses, — *chartarum moles*, comme disait en plaisantant notre vieil ami le conseiller Berriat-Saint-Prix, avant que nos défaites et la journée du 4 septembre ne l'eussent foudroyé — et je te montrai toute sorte de notes, écrites au jour le jour, hâtivement, le soir, lorsque je rentrais du service très-pénible de garde national auquel nous étions alors assujettis. Tu m'engageas à mettre ce fatras en ordre et à raconter ce que j'avais vu dans cette époque déjà lointaine. J'ai profité d'un moment de loisir pour suivre ton conseil.

J'avais d'abord eu l'intention de restreindre mon récit à la révolution même de Février, parce qu'il me paraissait utile d'expliquer le mystère du fameux coup de feu qui ranima l'émotion éteinte, servit de prétexte à un soulèvement considérable et eut pour résultat de pousser le pays sur le mauvais chemin des aventures. Je connaissais, par le menu, le secret de cette histoire; l'auteur presque involontaire de cet accident dont les circonstances furent si redoutables, est mort depuis quinze ans; je ne portais donc préjudice à personne, je ne compromettais aucun intérêt en révélant la vérité d'un fait resté fort obscur, toujours controversé, et je me décidai à écrire ce que je me rappelais des journées des 22, 23 et 24 février 1848. Mais à mesure que je m'interrogeais, la bobine de ma mémoire s'est dévidée toute seule, comme le tableau mouvant des optiques ; j'ai vu repasser devant mes yeux les événements auxquels j'avais assisté : l'envahissement de l'Assemblée au 15 mai, l'insurrection de Juin, la bataille autour des barricades, et voilà que j'ai fait — non pas un livre — un volume en me racontant quelques anecdotes du temps de ma jeunesse.

Tu ne m'adresseras pas la vieille citation : *Laudator temporis acti;* cette époque ne m'a laissé qu'une impression désagréable ; tout ce qui s'est fait alors était médiocre, incohérent, inutile, et n'est point digne de regrets. Je n'avais jamais vu de révolution. Lorsque la commotion de Juillet 1830, si sottement provoquée par le pouvoir, mit la population parisienne aux prises avec un gouvernement qui n'avait même pas adopté une sérieuse mesure de résistance, j'étais un enfant aimant le bruit et trouvant que les coups de canon sont doux à entendre. Le hasard d'un projet formé longtemps à l'avance nous fit quitter Paris le 27 juillet; j'ai souvent entendu depuis raconter à ma mère que notre voiture était la dernière qui eût franchi le mur d'enceinte. Nous allions à Mézières ; le télégraphe y avait apporté les nouvelles inquiétantes avant notre arrivée ; on nous interrogea et nous ne pûmes répondre, car nous ne savions rien, sinon que, la veille de notre départ, dans la soirée, on avait cassé des vitres au ministère de la justice ; nous habitions alors près de la place Vendôme et j'avais vu des gens jeter des pierres contre la chancellerie.

Pendant quatre jours, Mézières ignora absolument ce qui se passait à Paris ; chaque soir, vers six heures on allait sur la route, attendre la malle-poste et la diligence qui ne paraissaient pas ; on rentrait fort perplexe ; de vagues rumeurs, venues on ne sait d'où, se répandaient ; on disait que Charles X était en fuite et que la garde royale avait été massacrée. Un soir enfin on vit arriver la malle-poste, drapeau tricolore à l'impériale, cocarde tricolore à la casquette du courrier, rubans tricolores à la veste du postillon ; on se précipita autour de la voiture ; le courrier debout sur son siége nous cria : « Vive la Charte ! à bas les Jésuites ! Charles X était un cagot, nous l'avons f.... à la porte ! » Puis le postillon enleva le mallier d'un vigoureux coup de fouet :

« Hue donc, Polignac ! » Quelques jours après on disait que le duc d'Angoulême, déguisé en lancier, avait traversé Mézières ; puis j'entendis une bonne femme expliquer qu'elle avait vu une bande tricolore s'allonger sur la lune, pendant une éclipse qui eut lieu vers cette époque. Voilà tout ce que je me rappelle de la révolution de Juillet.

Pendant les émeutes qui tinrent si fréquemment le gouvernement de Louis-Philippe en alerte, nous étions au collége, et l'on ne choisissait pas précisément les jours d'émotion populaire pour nous mener en promenade. L'écho des batailles ne traversait guère les murs des laides maisons où l'on ennuyait notre enfance. Quelquefois un maître d'étude disparaissait tout à coup et nous nous racontions alors mystérieusement qu'il avait été tué sur une barricade, agitant un drapeau et criant : Vive la République ! A l'affaire de Barbès, le 12 mai 1839, nous étions un peu plus grandelets ; mais l'échauffourée fut si mince et si rapidement réprimée, qu'on apprit qu'elle avait existé lorsque déjà elle n'était plus.

J'assistai donc à la révolution de Février sans éducation préalable, avec les émotions neuves que des spectacles analogues n'avaient point émoussées. Je savais qu'il y avait un roi, une Chambre des pairs, une Chambre des députés, et c'est à peu près tout; j'avais lu les livres de M. Guizot, mais j'ignorais absolument sa politique; volontiers on l'appelait lord Guizot, on le disait soudoyé par l'Angleterre; j'avais vaguement entendu parler d'une indemnité Pritchard et d'un certain droit de visite, mais je ne perdais point mon temps à m'enquérir de ces questions : j'avais mieux à faire. Tandis que l'on se disputait sur la réforme électorale, je lisais consciencieusement Olivier Dapper, Cornille le Bruyn, Ritter, Champollion le Jeune, d'Herbelot, et je préparais le long voyage que j'ai fait en Orient, pendant les années 1849, 1850 et 1851. Sous le rapport des sympathies que je pouvais éprouver pour telle ou telle forme de gouvernement, la révolution me surprenait dans une indifférence dont j'ignorais moi-même la profondeur et l'intensité. J'étais, en quelque sorte, dans une situation d'impartialité exceptionnelle pour porter un jugement désintéressé sur les faits dont j'ai été le témoin. Ce jugement n'a point été favorable ; cette révolution m'a fort étonné ; et j'ai été surtout stupéfait de sa bêtise.

Je sais bien que le vieux roi fut entêté et qu'il s'exagéra singulièrement la solidité de son trône ; il n'était que monarque constitutionnel et il voulut garder trop longtemps un ministre auquel il était attaché. Ce sont là des fantaisies qui n'appartiennent qu'aux rois absolus dont les bastilles ont toujours une porte entr'ouverte et les canons une mèche allumée. Les rois « qui règnent et ne gouvernent pas » doivent avoir l'humeur moins fidèle et ne point conserver pendant huit mortelles années le même homme dans un fauteuil ministériel où trois cents députés ont le désir éperdu de s'asseoir à leur tour. Il faut changer son personnel le plus fréquemment possible pour contenter beaucoup de gens et permettre à chacun d'entrevoir la prompte réalisation du rêve. Maintenu dans des opinions antiréformistes par M. Duchâtel bien plus que par M. Guizot, le roi refusa d'abord de céder, céda trop tard et se laissa glisser, tout seul, d'un trône que personne ne lui disputait. En somme, son gouvernement n'était pas plus mauvais qu'un autre; il était facilement accepté par la France et en termes suffisants avec l'Europe.

Le problème en jeu n'était pas bien compliqué; un vote parlementaire, une modification ministérielle l'auraient singulièrement simplifié; un déplacement de la majorité l'eut naturellement résolu tôt ou tard. Mais ce n'était pas là l'affaire des impatients ; M. Odilon Barrot voulait remplacer M. Guizot tout de suite, sans plus attendre ; qu'un trône s'effondrât, que la France roulât sur elle-même jusqu'au bord du gouffre, cela n'était qu'une considération secondaire dont nul ne se préoccupa. Franchement, les hommes qui, de leurs propres mains, se sont distribué l'héritage si longtemps convoité de M. Guizot, n'étaient-ils pas de nature à le faire regretter ? Lorsque l'on relit aujourd'hui, à distance, dans l'apaisement de l'étude, ce qu'ils ont écrit, ce qu'ils ont dit, ce qu'ils ont tenté, on reste indigné d'une telle vacuité, d'une ignorance si profonde des faits les plus élémentaires, de tant de vanité naïve, de tant d'injustifiables ambitions. Quoi que l'on sache des étranges aberrations qui souvent diminuent les esprits les meilleurs, on ne peut s'empêcher d'éprouver une impression douloureuse, en voyant des savants comme François Arago, des poëtes comme Lamartine, apporter l'appui de leur grand nom à des médiocrités pareilles. J'ai eu le courage — il en faut — de lire le *Moniteur*, qui était alors le journal officiel, depuis le 24 février jusqu'au 24 juin 1848, c'est-à-dire pendant toute la période du Gouvernement provisoire et de la Commission exécutive ; l'absence complète des idées ne parvient même pas à se dissimuler derrière les boursouflures de la phraséologie : c'est enfantin !

J'ai été sévère pour cette révolution qui fut un coup de main et une surprise : vue à travers l'histoire, elle m'a fait pitié ; vue face à face, comme je l'ai regardée jadis, elle m'a fait rire, car je l'ai trouvée grotesque. Je n'ai cru ni au droit au travail, ni à la solidarité des travailleurs, ni aux ateliers nationaux, ni aux arbres de la liberté, ni aux clubs, ni à la désinvolture de M. Crémieux, ni à l'éloquence de Ledru-Rollin, ni à la capacité de M. Garnier-Pagès, ni à la bonhomie de Caussidière, ni aux délégués du Luxembourg, ni aux expéditions de propagande républicaine en Belgique et dans le grand-duché de Bade, ni à Lamartine paratonnerre, ni aux quarante-cinq centimes, ni aux exigences, ni aux promesses; mais j'ai cru au sac des Tuileries et du Palais-Royal, parce que j'en ai été le témoin ; j'ai cru au pillage du château de Neuilly, parce que j'en ai vu flamber l'incendie ; j'ai cru au mépris du peuple pour lui-même, pour la légalité, pour sa propre puissance, parce que, le 15 mai, j'ai assisté à l'envahissement de l'Assemblée ; j'ai cru à la bestialité et à la violence, parce que j'ai combattu devant les barricades de Juin ; j'ai cru aux coups de fusil, parce que j'en ai reçu.

A priori, sous le régime constitutionnel, une révolution est criminelle; *a posteriori*, elle est funeste. Il n'est pas d'entêtement gouvernemental, si obtus qu'il soit, qui ne cède forcément à la pression de l'opinion publique manifestée par les élections et au mécanisme parlementaire amenant des changements ministériels. L'histoire d'Angleterre, depuis deux cents ans, est là pour nous le prouver. Il s'agit simplement de respecter la légalité, tout en usant des armes courtoises qu'elle ménage aux combattants, et de savoir attendre. C'est malheureusement ce que nous ne savons pas faire, et nous offrons ce problème très-curieux d'un peuple qui adopte une forme de gouvernement spécialement combinée pour éviter les révolutions, et qui ne fait de révolution qu'à l'aide de cette même forme de gouvernement. C'est toujours, en effet, sous le régime parlementaire que nous voyons éclater ces commotions brutales et aveugles qui dépassent le but et emportent les dynasties : au 10 Août, en Juillet 1830, en Février 1848, en Septembre 1870, le système parlementaire était en vigueur, il fonctionnait régulièrement et était accepté par les parties contractantes, par les souverains comme par la nation. Est-ce donc à dire que nos mœurs politiques ne sont point en rapport avec nos institutions? Je commence à le croire, et j'en suis fort affligé. A retomber tous les quinze ou vingt ans dans ces niaises équipées, nous en arrivons à n'avoir plus que des gouvernements dont les origines discutées rendent la vie précaire et la fin lamentable.

Depuis cette révolution de Février dont j'évoque le triste fantôme, nous avons eu bien d'autres bouleversements et de conséquences autrement graves; ceux-là ne m'ont point fait rire : ils m'ont dégoûté et révolté; ils m'ont appris à douter de l'intelligence et du salut de mon pays. L'histoire dira ce que la néfaste journée du 4 Septembre a coûté à la France, lorsque la Prusse victorieuse a vainement cherché quelqu'un avec qui elle pût sérieusement traiter. On a déjà discuté, et longtemps encore, selon les besoins des polémiques quotidiennes, on discutera la question de savoir si le gouvernement régulier et reconnu par l'Europe aurait obtenu, au lendemain de Sedan, des conditions meilleures que celles qui ont été imposées, à l'heure où Paris capitulait, au représentant plus éloquent qu'habile du gouvernement de la Défense nationale. Les situations étaient tellement différentes, qu'il est déjà puéril de poser la question. Mais un jour viendra où les chancelleries ouvriront leurs cartulaires, et l'on comprendra alors qu'une rectification de frontières enclavant Haguenau, qu'un milliard et demi d'indemnité et le démantèlement de deux forteresses, n'avaient rien de comparable aux insupportables sacrifices sous lesquels nous avons fléchi. Ce que je dis ici en passant, l'avenir le démontrera avec une lucidité désespérante.

Ce qui m'a toujours surpris, après chaque révolution, c'est la qualité des gens qui s'en emparent et en profitent. La grâce de Dieu, qui a abandonné la royauté, s'est donc transportée sur la politique? On est homme d'État d'emblée, sans apprentissage, par le hasard des circonstances, et non par le résultat de son travail. Pour être cordonnier, il faut savoir faire un soulier; mais on peut être homme politique sans même savoir ce qu'est une loi.

On quitte, sans sourciller, la chaire du professeur, la lancette du médecin, le pilon de l'apothicaire, la robe de l'avocat, les factures du commissionnaire en vins, la truelle du maçon, l'épaulette du sergent, la plume du chroniqueur, pour se mêler de diriger les destinées d'un pays, qui ne le demandait pas, et le conduire à l'insurrection de Juin ou à la Commune. Cela est étrange, et m'a toujours semblé une cause de périls sérieux pour notre pays; car la collectivité est heureuse, lorsque l'individu se contente de travailler à sa propre besogne. C'est ce que Gœthe a excellemment exprimé, lorsqu'il disait à Eckermann : « Si chacun fait individuellement son devoir, et, dans la sphère d'action la plus rapprochée, agit avec loyauté et énergie, l'ensemble de la société marchera bien. »

En France, chacun paraît mépriser le métier qu'il fait, et c'est là un grand malheur. Honorer sa fonction, c'est la rendre honorable, et, très-souvent, c'est se diminuer que d'en sortir sous prétexte de s'élever. Qui se souvient aujourd'hui que Chateaubriand a été ambassadeur? N'a-t-on pas droit d'être étonné en voyant que le chantre d'*Elvire* s'est glorifié d'avoir été ministre, et que l'auteur de *la Tristesse d'Olympio* aurait voulu l'être. Je ne comprends guère que l'on quitte les douces joies d'une profession connue pour se jeter dans les émotions décevantes de la politique; cela tient, sans doute, à ce que je n'ai aucune ambition, ni toi non plus, je crois, mon vieil ami.

Tu as passé ta vie à travailler, à fouiller les problèmes historiques, à les résoudre, à éclairer de tes judicieuses recherches les annales du protestantisme; tu as mis en œuvre cette grande publication de l'*Histoire de Paris*, entreprise par la préfecture de la Seine; sois bien persuadé que tu as rendu ainsi plus de services à notre pays, que si tu avais aidé à fabriquer une demi-douzaine de décrets contradictoires, répliqué à des orateurs de carrefour, et obéi, par instinct ambitieux, à un mot d'ordre qui n'aurait pas répondu au qui-vive de tes convictions. Si chacun t'avait imité, tout irait mieux, et peut-être aurions-nous évité tant de révolutions nécessairement suivies des insurrections que l'on sait.

Ces insurrections, tu en as souffert autant que quiconque. Aux jours maudits de la Commune, ta chère retraite a été envahie; tout ce que tu avais amassé de documents rares, de pièces inédites, de preuves de nos origines, l'effort de tant d'années, l'accumulation d'un tel labeur, tout a été détruit, anéanti par l'incendie et pour toujours. Tu sais à qui tu dois cet irréparable désastre : à ces hommes dont je viens de te parler, à ces hallucinés de la vanité, de l'ignorance et de l'ambition, à ces phraseurs débiles, violents et poseurs, qui, par paresse, par illusion d'eux-mêmes, par envie des autres, ont dédaigné un métier dont ils se sentaient humiliés, pour se perdre dans les stériles bavardages d'une politique à laquelle ils sont incapables de rien comprendre, sinon qu'elle les met en relief et leur donne une sorte d'importance éphémère qui les ravit de joie.

L'instabilité de nos institutions démontre l'instabilité de notre caractère. Que n'avons-nous pas vu, cher ami, depuis que nous sommes venus au monde à la fin du règne de Louis XVIII ? — Charles X — la Commission municipale — la Lieutenance générale — le règne de Louis-Philippe — le Gouvernement provisoire — la Commission exécutive — le général Cavaignac — la Présidence du prince Louis-Napoléon — la Présidence décennale — l'Empire autoritaire — l'Empire libéral — le gouvernement de la Défense nationale — la Commune — la présidence de M. Thiers — la présidence du maréchal de Mac-Mahon — le Septennat — et enfin la République votée le 25 février 1875. En cinquante ans, dix-sept formes de gouvernement, trois révolutions, deux insurrections, sans compter les émeutes; c'est de quoi satisfaire les plus difficiles et mécontenter les moins exigeants. Tant de bouleversements où le pays s'énerve, s'étiole et perd toute confiance en sa destinée, se seraient-ils produits si ce besoin d'exhaussement qui nous tourmente, si le miroitement des illusions coupables ne nous avaient trop souvent arrachés au labeur quotidien dont l'accomplissement est, après tout, la plus noble des jouissances? Il est permis d'en douter.

Te rappelles-tu la fin du *Candide*, de Voltaire? Le naïf garçon, tout pénétré d'amour pour l'humanité, a discuté durant sa vie entière avec Pangloss et Martin; froissé entre l'optimisme de l'un et le pessimisme de l'autre, il ne sait plus vers quel pôle diriger son âme inquiète; il a épousé sa vieille maîtresse; les raisonnements des deux philosophes l'ont laissé indécis; mais l'expérience, la dure nourrice, lui a donné son lait fortifiant, et lui a appris le grand devoir de la vie, qui est le travail. Sur les bords de la Propontide, Pangloss, incorrigible comme tous les utopistes et tous les bavards, voudrait bien discuter encore pour découvrir la « raison suffisante »; Candide ne l'écoute plus : « C'est bien dit, répond-il, mais il faut cultiver notre jardin! »

Si chacun, améliorant la fonction qu'il exerce, parlait ainsi aux inventeurs de solutions politiques et sociales; si chacun, repoussant les décrocheurs de rêves, comprenait

la moralité de l'existence, et se contentait de
« cultiver son jardin, » la France serait bien
près de devenir ce qu'elle a la prétention
d'être, — la première nation du monde.

M. D.

Janvier 1876.

SOUVENIRS DE L'ANNÉE 1848

I

LES PRÉLIMINAIRES DE LA RÉVOLUTION DE FÉVRIER.

Cause immédiate de la révolution. — La légende. — Aux premières loges. — La campagne réformiste. — Promenades oratoires d'Odilon Barrot. — Ouverture des Chambres. — L'Adresse. — M. Guizot. — Projet d'un banquet à Paris. — Convocation illégale de la garde nationale. — Interdiction du banquet. — L'opposition renonce au banquet. — Mécontentement. — Inquiétude du préfet de la Seine. — Optimisme des fonctionnaires. — Les conseillers municipaux. — Visite de MM. Husson, Lahure et Lanquetin au préfet de police. — Conversation. — Altercation. — La matinée du 22 février. — « A bas Guizot! » — La garde nationale tardivement convoquée répond mal au rappel. — On brûle des chaises aux Champs-Élysées.

Les historiens sont d'accord pour reconnaître que la révolution de Février était terminée, de fait, le 23, à six heures du soir, à l'instant où l'on apprit que le roi Louis-Philippe consentait, enfin, à se séparer du ministère Guizot-Duchâtel, qui avait repoussé systématiquement tous les projets de réforme électorale proposés par quelques membres de l'opposition. A ce moment précis, Paris fut en joie ; on illumina les maisons ; l'angoisse, qui depuis deux jours pesait sur la ville, s'évanouit comme par enchantement ; la victoire remportée suffisait à toutes les ambitions ; nul alors, si ce n'est peut-être quelques conspirateurs infimes et incorrigibles, ne pensait à renverser le gouvernement issu des barricades de Juillet ; MM. Garnier-Pagès, Havin, Pagnerre avaient déclaré que, « s'ils avaient la république dans leurs mains, ils se garderaient bien de les ouvrir [1] ; » on considérait la partie comme gagnée, et il suffisait aux plus ardents d'avoir

---

1. Dans un volume très-intéressant, *la Campagne réformiste de* 1847, par M. R. D., je lis, page 69 : « Pour mon compte, j'ai entendu des radicaux, non de fraîche date, mais ayant fait dès longtemps leurs preuves, et des plus signalées, déclarer hautement que s'ils tenaient à cette

fait reculer « la couronne », ainsi que l'on disait alors. Cependant, dix-huit heures plus tard, la famille d'Orléans était expulsée des Tuileries et s'acheminait vers un exil où le vieux roi, son chef, devait mourir.

Un fait grave et encore mal expliqué s'était produit dans la soirée, avait jeté une perturbation profonde dans le peuple parisien, et avait motivé un soulèvement, non pas général, comme on l'a prétendu depuis, mais menaçant et réellement redoutable. Une décharge faite à bout portant, sur le boulevard des Capucines, avait troué la foule qui s'empressait sur ce point et avait fait de nombreuses victimes. Cet accident déplorable, exploité par toutes les passions subitement exaspérées, fut la cause déterminante de la révolution de Février. Ce malheur arrivait si précisément à point pour surexciter les esprits apaisés par

---

heure la république dans leurs mains, ils ne la lâcheraient point sur la France. » L'auteur, M. René Dubail, qui a rendu tant de services à Paris, pendant la période d'investissement comme maire du Xe arrondissement, peut être cru sur parole.

les concessions royales et pour donner prétexte à un dénoûment tragique, que bien des personnes ont vu là ce que l'on nomme vulgairement un coup monté. On a affirmé qu'un coup de pistolet tiré par un émeutier avait provoqué, de la part des troupes, une riposte justifiée, et comme dans notre pays la légende se substitue naturellement à l'histoire, on a nommé l'auteur de ce prétendu guet-apens ; aujourd'hui encore, il y a des gens qui parlent avec conviction du *coup de pistolet de Lagrange*.

Je suis en mesure de dire la vérité sur ce point, si fréquemment et si longuement controversé ; je raconterai ce que j'ai vu et ce que je sais. J'habitais à cette époque place de la Madeleine, dans la maison qui porte le n° 30 ; de mes fenêtres je voyais le marché aux fleurs, la rue Royale, la place de la Concorde et une partie de la façade du Corps législatif ; en me penchant à mon balcon, vers la gauche, j'apercevais la rue de Sèze, le boulevard des Capucines et une partie du Ministère des affaires étrangères, qui occupait alors l'emplacement où s'élève aujourd'hui le magasin de

Giroux. J'étais donc aux premières loges, car le rendez-vous donné aux réformistes assignait la place de la Madeleine comme lieu de réunion ; en outre, le chef et l'instigateur du mouvement, M. Odilon Barrot, habitait tout près de là, rue de la Ferme. Mais ce que j'ai remarqué et noté alors, pour ainsi dire heure par heure, ne m'a rien appris sur l'événement principal, sur cette fusillade meurtrière qui amena l'écroulement d'un trône, et je ne pourrais apporter aucun document nouveau sur cet incident obscur, si les hasards de ma vie et de mes travaux ne m'avaient mis en rapport avec un homme qui fut non-seulement témoin, mais acteur dans ce drame inattendu. Il était sur le boulevard des Capucines, au premier rang du 14ᵉ *de ligne,* en qualité de sous-officier. Son récit ne laisse aucun doute : le *coup de pistolet de Lagrange* est une fable ; je dirai quand, où et comment elle a pris naissance.

On se rappelle l'agitation que l'on avait suscitée et habilement entretenue dans le pays, à l'aide d'une campagne réformiste dont M. Odilon Barrot avait pris l'initiative. Il s'agissait de donner plus d'extension au privilége électoral, et d'adjoindre, aux électeurs censitaires reconnus par la loi existante, ce que l'on nommait en langage parlementaire « les capacités ». M. Odilon Barrot et ses amis promenèrent leur éloquence à travers la France entière, s'assirent à des banquets par souscription, et, au milieu de ces agapes libérales, n'oublièrent jamais de porter le toast officiel : « Au roi ! » car il ne s'agissait, comme toujours, que de donner une leçon au pouvoir, de renverser un ministère que les compétitions ambitieuses commençaient à trouver trop immuable, et, au milieu d'un conflit que l'on croyait pouvoir arrêter en temps opportun, de ramasser quelques portefeuilles ardemment convoités. Le dernier banquet de province[1] eut lieu le 25 décembre 1847 ; le 28, la session des Chambres était ouverte, selon l'usage, par

1. Le dernier banquet avant l'ouverture des chambres, car Toulouse et Cambrai eurent chacune un banquet réformiste le 9 janvier 1848.

le roi en personne, qui, dans le « discours du trône », parla de « l'agitation que fomentent des passions ennemies ou aveugles ». Le gant était jeté, l'opposition le releva.

La discussion de l'adresse fut d'une vivacité exceptionnelle. M. Guizot, enorgueilli de son impopularité, accepta la lutte, et fut inébranlable dans la résolution de repousser toute idée de réforme produite par une agitation populaire et en dehors des moyens constitutionnels, dont la prudence et la sage lenteur sont bien souvent la sauvegarde des libertés publiques. M. Guizot avait d'autant plus de mérite à résister à des demandes justes en elles-mêmes, mais formulées dans un langage excessif, qu'il n'était point personnellement opposé à la réforme. Il fit vraiment acte de ministre parlementaire en ne se séparant pas, sur ce point, de ses collègues moins traitables que lui, en défendant à outrance la politique adoptée en commun et dont le véritable auteur était M. Duchâtel, ministre de l'intérieur, qui se refusait absolument à entendre parler d'une réforme dont le but et le résultat eussent été de modifier la majorité à l'aide de laquelle on gouvernait.

Si le débat eût été circonscrit dans la Chambre des députés, le mal n'eût pas été très-grave, et tout conflit violent avec la population eût été facilement évité; mais ce n'était point là de quoi satisfaire les meneurs, qui, restés en minorité et vaincus dans le Parlement, voyaient s'éloigner l'heure propice pour s'emparer du pouvoir. Ils firent appel au peuple de Paris, à cette agglomération de tant d'individus venus de tous les coins de la France, agrégation nerveuse, facile à émouvoir, curieuse de spectacles, irréfléchie, et ne pouvant jamais maintenir son élan dans les bornes qu'on veut lui imposer et qu'elle-même s'est bien promis de ne point franchir. Il fut décidé qu'un nouveau banquet réformiste aurait lieu à l'extrémité des Champs-Élysées, du côté du promenoir de Chaillot. Sous prétexte d'assurer l'ordre, mais en réalité pour donner à la manifestation un caractère plus imposant de force et de menace, on convoqua la garde nationale à faire la haie sur le passage du cortége, sans fusil, il est vrai, mais avec le sabre au côté. C'était dépasser tout ce que permettent les lois les plus indifférentes au respect de la sécurité publique ; c'était, au premier chef, une usurpation de pouvoir ; à moins d'abdiquer, le Gouvernement était obligé d'agir : le banquet fut interdit.

Grande colère. Les députés réformistes, dont M. Odilon Barrot continuait à mener le chœur, persistèrent d'abord dans leur résolution de banqueter quand même; puis ils y renoncèrent, sauf M. de Lamartine, qui dit : « J'irai seul, s'il le faut, au soleil, avec mon ombre derrière moi ! » Revenu à des sentiments plus calmes, il déclara se rallier à la décision de ses collègues. On pouvait donc croire que, tout étant fini, la Chambre resterait le champ clos du combat; de la gauche à la droite, on s'était traité de Polignac, de Peyronnet, d'anarchistes, de conventionnels, et les choses n'eussent pas été plus loin. Mais M. Odilon Barrot, en déliant les outres d'Éole pour trouver le zéphyr qui devait pousser doucement sa barque au port ministériel, avait déchaîné la tempête.

On avait promis un banquet à la population de Paris; on lui avait promis le renvoi des ministres; elle voulait son banquet à cent sous par tête, elle voulait assister à la chute de celui qu'elle appelait volontiers lord Guizot. Elle accusait M. Odilon Barrot de trahison, et, entre temps, se promettait de faire quelques barricades pour s'amuser. Quant à la garde nationale, elle était fort irritée de s'être vu enlever le rôle qu'on lui avait réservé en la chargeant de veiller officieusement à la bonne tenue de la foule, qui n'aurait point manqué de se rendre aux environs du banquet, et se sentait blessée de l'ajournement d'une réforme qui eût appelé plusieurs de ses membres à exercer les droits électoraux.

Les hommes du Gouvernement affectaient ou ressentaient une sécurité sans mélange; seul, M. de Rambuteau, qui, comme préfet de la Seine, était en rapport avec l'influente bourgeoisie du conseil municipal, avait fait entendre quelques timides observations au roi, qui lui avait répondu, avec un sourire indulgent : « Mon cher préfet, vous n'y entendez rien. » Les ministres, les chefs de l'armée, le général commandant les gardes nationales étaient dans un état d'esprit plein de sérénité ; à tous les renseignements qu'on leur transmettait, ils répondaient invariablement : « Il n'y a rien à craindre ; du reste, toutes les mesures sont prises. »

Une lettre inédite[1] que j'ai sous les yeux raconte une scène qui prouve à quel point étaient aveuglés ceux-là mêmes qui, par fonction, auraient dû mieux voir que les autres. Le 19 février était un samedi et, comme d'habitude, il y avait réception à l'Hôtel de Ville ; trois conseillers municipaux, M. Husson, colonel de la 6ᵉ légion, M. Lahure et M. Lanquetin, fort inquiets du mécontentement qu'ils avaient constaté dans leurs quartiers respectifs et sincèrement dévoués à l'ordre de choses

---

1. Depuis que ces lignes ont été écrites, la lettre à laquelle je fais allusion a été publiée *in extenso* dans un livre excellent et plein de révélations curieuses. Voir A. J. de Marnay : *Mémoires secrets et témoignages authentiques ; Chute de Charles X ; Royauté de Juillet ; 24 février* 1848. Paris, 1875, librairie des Bibliophiles ; *p.* 425 *et seq.*

établi, prièrent M. de Rambuteau de réunir, dès le lendemain, le corps municipal et de le conduire au roi, afin que celui-ci pût entendre l'avis d'hommes sérieux, préoccupés de la paix intérieure et politiquement désintéressés dans cette bataille parlementaire. M. de Rambuteau, tout en ne dissimulant pas ce qu'une semblable démarche aurait d'irrégulier, avait déjà promis son concours, lorsque survint M. Moreau (de la Seine), maire du 7e arrondissement et député.

On lui parla de la démarche projetée; il la blâma énergiquement et modifia les intentions premières de M. de Rambuteau. Les trois conseillers municipaux ne se tinrent pas pour battus, et, ne pouvant parvenir jusqu'au roi, ils s'adressèrent, le dimanche 20 février, au magistrat qui, entre tous, avait charge de veiller à la sécurité de la ville, et ils se firent annoncer chez le préfet de police qui était M. Gabriel Delessert. On a dit de lui qu'il avait su pousser la probité jusqu'au génie : le mot est juste; jamais plus honnête homme n'exerça plus délicatement ses difficiles fonctions; mais la police n'était pas ce qu'elle est aujourd'hui; ses agents, en nombre insuffisant, ne lui apportaient que des informations incomplètes, et le préfet avait pour le roi un dévouement excessif qui ne lui permettait pas de croire à une chute possible. Il reçut fort sèchement MM. Husson, Lahure et Lanquetin : « Je refuse de vous entendre en qualité de membres du conseil municipal, leur dit-il, mais, comme je ne puis fermer l'oreille aux plaintes des plus simples particuliers, vous pouvez parler. » M. Lanquetin répliqua vertement : « Les circonstances sont trop graves pour que nous nous laissions arrêter par ce que votre distinction a de blessant, nous sommes venus pour vous dire la vérité, et vous l'entendrez. »

Les paroles que je lis dans le récit de cette entrevue furent sages et auraient dû être écoutées. Il fut dit qu'il fallait accepter la situation telle qu'elle se dessinait; qu'il était fort regrettable que le pays eût été agité par des ambitieux, mais enfin que l'agitation existait et que l'on serait coupable de n'en pas tenir compte; qu'il valait mieux faire des concessions avant qu'après; qu'un gouvernement, si solide qu'il fût, était toujours un peu déconsidéré, lorsqu'il se laissait forcer la main par une insurrection; que la garde nationale était fort mécontente, et qu'on ne réussirait à la ramener qu'en lui sacrifiant un ministère devenu, à tort ou à raison, impopulaire au delà de toute expression. Puis, chaque conseiller municipal fit les observations particulières à l'arrondissement qu'il représentait. M. Gabriel Delessert repartit que la situation était beaucoup moins sombre qu'on ne la faisait, qu'il était mieux informé que personne et qu'il était parfaitement en mesure de dominer la situation.

« La meilleure mesure, dit M. Lahure, serait celle qui réconcilierait le pouvoir et la garde nationale; tant que cette réconciliation ne sera pas opérée, le danger reste manifeste et très-redoutable. — Quel que soit le danger, reprit le préfet, tout est prévu, et, je vous le répète, nous sommes parfaitement en mesure. »
M. Lanquetin fit un geste d'incrédulité très-

accentué; M. Delessert se leva avec irritation et, s'avançant vers lui, il lui cria : « Oui, monsieur, parfaitement en mesure ; vous pouvez le dire à ceux qui vous effrayent. » M. Lanquetin répondit : « Ce qui est effrayant, monsieur le préfet, c'est que vous vous croyez bien informé et que vous l'êtes mal ; c'est que, malheureusement, vous vous trompez et que vous trompez le roi. » M. Gabriel Delessert salua, en disant : « Je n'ai plus rien à entendre. » Les conseillers municipaux se retirèrent.

La concession qu'ils réclamaient et qui, accordée trois jours plus tard, au milieu de la fusillade, sauvait la monarchie de Juillet, l'eût certainement consolidée et lui eût rallié presque toute la garde nationale, si elle eût été faite à l'heure opportune. Mais les idées de résistance prévalurent, sans que la résistance eût été suffisamment organisée.

Le banquet avait été, dans l'origine, fixé au 22 février, et l'on pouvait s'attendre que Paris serait quelque peu agité ce jour-là; certaines précautions, sans doute, avaient été prises ;

les troupes restaient consignées dans les casernes ; des groupes de gardes municipaux apparaissaient aux coins des rues et se montraient sur les boulevards ; quelques escadrons de cavalerie légère, massés dans les Champs-Élysées, paraissaient suffisants pour mettre immédiatement fin à tous les désordres prévus. La garde nationale, tenue en suspicion, n'avait pas été convoquée.

Le temps était froid ; des rafales de vent chassant une pluie fine et serrée passaient par intervalle. Vers dix heures et demie du matin, une bande de deux à trois cents individus, suivant un homme d'un certain âge, vêtu d'un caban bleu, traversa la place de la Madeleine, se dirigea, rue de la Ferme, sur le domicile d'Odilon Barrot, et reparut quelques minutes après, prenant route vers la Chambre des députés. A onze heures et demie, quelques escouades de gardes municipaux prirent position près de l'église, et l'on doubla le poste qui alors existait sur le marché aux fleurs.

Vers une heure, un grand flot de population déboucha de la rue Royale, fut chargé à coups de plat de sabre et alla se reformer devant le ministère des affaires étrangères en criant : « A bas Guizot ! » Sur l'asphalte mouillée, un cheval de garde municipal s'abattit ; les fuyards s'arrêtèrent, aidèrent le soldat à se relever et se sauvèrent de nouveau, lorsqu'il fut remis en selle. A cinq heures on battit le rappel, la garde nationale se réunit tardivement et d'assez mauvaise humeur. La grille de l'Assomption avait été descellée, et l'on avait essayé d'élever une barricade, rue Saint-Honoré, près de la rue Duphot, en face de cette maison Duplay où vécut Robespierre. — Je ne parle que de ce que j'ai vu ; je prie le lecteur de s'en souvenir, car je n'ai nullement l'intention de faire un historique complet de la révolution de Février.

Le soir, vers huit heures, je sortis avec un de mes amis ; notre quartier avait repris sa physionomie ordinaire, qui, à cette époque, était fort calme. Comme nous traversions la place de la Concorde, une grande lueur attira notre attention vers le milieu des Champs-Élysées ; des gamins avaient rassemblé en tas les chaises de paille disséminées çà et là sur la promenade, et y avaient mis le feu. Une patrouille de garde nationale était arrivée sur ces entrefaites, avait tiré les oreilles de ces drôles et s'était rendue facilement maîtresse de cet incendie peu dangereux. La ville, du reste, était tranquille, et seul un bataillon de ligne qui gardait le ministère des affaires étrangères prouvait que l'on avait encore quelques appréhensions. Lorsque je rentrai chez moi, mon portier, qui avait été gendarme des chasses sous Charles X, me demanda des nouvelles. — On a brûlé des chaises, lui dis-je. — Ah! répondit-il, c'est comme ça que la révolution de Juillet a commencé!

II

L'INTERVENTION DE LA GARDE NATIONALE.

Le banquet réformiste de Rouen. — Les discours. — Odilon Barrot. — Une déconvenue. — Les niais ambitieux. — Le 23 février. — Le poste du boulevard Bonne-Nouvelle. — Prisonniers délivrés. — Le Petit-Carreau. — Conversation avec un capitaine de la ligne. — La garde nationale sur la place des Victoires. — Un chef de bataillon réformiste. — Patrouilles de dragons. — La garde nationale sur le boulevard des Italiens. — Pradier le statuaire. — Chute du ministère Guizot. — Paris illuminé. — Satisfaction générale. — Opinion d'un garçon de café. — Une bande de braillards. — Son chef. — Les troupes sur le boulevard des Capucines. — Une détonation. — *Melænis.*

J'étais fort jeune à cette époque; je n'avais que vingt-cinq ans, et déjà j'étais atteint d'indifférence politique, indifférence que l'âge et que les événements dont j'ai été le témoin ont rendue incurable, mais qui cependant a laissé très-vivaces en moi un profond respect pour la légalité et la croyance à la nécessité d'une autorité à la fois très-prévoyante et très forte. Une sorte de curiosité où l'écrivain, le voyageur et l'artiste avaient leur part, me poussait invinciblement à côtoyer les choses pour les regarder, pour les étudier, mais ne m'emportait jamais jusqu'à m'y mêler d'une façon active ; ce travail était purement objectif ; j'assistais à des spectacles, rien de plus. C'est en vertu de cette disposition d'esprit que je m'étais assis au dernier banquet réformiste, à celui qui fut organisé, le 25 décembre 1847, dans un faubourg de Rouen. J'étais alors dans cette ville avec deux de mes amis d'enfance aujourd'hui célèbres, Gustave Flaubert et Louis Bouilhet. Entendre des phrases, voir comment on remue les foules, presser l'éloquence parlementaire et en extraire le suc, c'était là une bonne fortune que le hasard nous offrait, et nous nous hâtâmes d'en profiter.

La fine fleur de l'opposition trônait à une table spéciale ; tous les commis-voyageurs en agitation s'étaient donné rendez-vous dans ce que l'on ne cessa d'appeler « la capitale de l'opulente Normandie. » Il y avait là MM. Odilon Barrot, Duvergier de Hauranne, Crémieux, Drouyn de Lhuys, des journalistes, entre autres, Degouve-Denuncques, puis quelques avocats du cru et trois députés de la Seine-Inférieure aujourd'hui fort oubliés : MM. Desjobert, Ch. Levavasseur et Lefort-Gonssolin[1]. La salle était immense, pleine et pavoisée de

---

1. Voici, du reste, le programme du banquet tel que je l'ai conservé : M. Senard : à la souveraineté nationale et aux institutions fondées en juillet 1830. — Desjobert, député de la Seine-Inférieure : à la réforme électorale et parlementaire. — Duvergier de Hauranne, député du Cher : réponse. — Desseaux, conseiller municipal : à la réforme financière, à l'économie et au bon emploi des deniers publics. — Lefort-Gonssolin, député de Rouen : réponse. — Drouyn de Lhuys, député de Seine-et-Marne : au commerce et à l'industrie. — Charles Levavasseur, député de la Seine-Inférieure : réponse. — Justin, conseiller à la cour Royale : aux classes pauvres et laborieuses. — Bethmont, député de la Charente : réponse. — Visinet : à l'alliance des peuples. — Crémieux, député d'Indre-et-Loire : réponse. — Gustave de Beaumont, député de la Sarthe : à la presse indépendante. — Cazavan, rédacteur en chef du *Journal de Rouen* : réponse. — Germonière, conseiller municipal : au comité central de Paris ; aux députés réformistes. — Foy, délégué du comité : réponse. — Odilon Barrot, député de l'Aisne : réponse.

drapeaux tricolores. Une tribune s'élevait où les orateurs parurent l'un après l'autre, lorsque l'on eut mangé une portion suffisante de veau et de cochon de lait. La chère n'avait point été succulente ; l'éloquence ne le fut pas davantage. M. Drouyn de Lhuys célébra le commerce; M. Crémieux récita et commenta la chanson de Béranger : *J'ai vu la paix descendre sur la terre;* M. Duvergier de Hauranne fut spirituel et fin ; M. Levavasseur annona un discours appris par cœur et qu'il ne savait guère ; un journaliste nommé Cazavan revendiqua pour Rouen l'honneur de marcher à la tête de la civilisation européenne, et M. Odilon Barrot, en habit bleu, en pantalon gris, se frappant sur la cuisse, croisant les bras, se démenant comme un lion et agitant sa tête sans crinière, parla de tout : — du char de l'État — de la coupe décevante de la popularité — de l'hydre de l'anarchie — du fatal aveuglement du pouvoir — de la stérile ambition qui sème les torches de la discorde — de la moralisation des classes pauvres — de l'humble argile humaine ennoblie par la pensée. Jamais pareille avalanche de lieux communs enlaidis de phrases toutes faites et de cacophonies d'images n'avait roulé sur nous. Nous étions des lettrés vivant dans Homère, dans Gœthe, dans Shakespeare, dans Hugo, dans Musset, dans Ronsard, préparant nos voyages projetés et n'ouvrant jamais un journal politique. Aussi nous restions stupéfaits. Quoi ! c'est ainsi que l'on s'adresse aux multitudes ? ce sont de telles niaiseries qui font effet ? c'est cette rhétorique plus creuse encore que redondante qui plaît et qui émeut ?

Nous n'en pouvions revenir, et lorsqu'au milieu de la nuit, une fois le banquet terminé, nous nous promenâmes sur les quais de la Seine, nous n'eûmes pas assez d'éclats de rire, assez de quolibets pour nous moquer de ce que nous avions entendu. Nous ne comprenions pas que le gouvernement pût paraître inquiet de cette éloquence ambulatoire, et nous étions persuadés que des gens qui parlaient un langage si prétentieux, si pauvre, si dénué, sombreraient infailliblement dans le ridicule, devant le bon sens public. Nous étions des enfants ; car c'est précisément ce gros vin sucré qui grise les faibles cervelles, c'est-à-dire la masse énorme de la population.

L'impression que j'avais emportée du banquet de Rouen ne s'était point effacée; elle était restée très-accentuée en mon esprit et m'empêchait d'attribuer une gravité quelconque aux événements qui se dessinaient. Sans être un grand clerc, j'avais promptement compris que la convocation de la garde nationale par les promoteurs du banquet était inconstitutionnelle[1], et dès lors je ne voyais pas à quoi pouvait aboutir la demande de mise en accusation des ministres, formulée par M. Barrot, parce que ceux-ci, en interdisant le banquet, protégeaient la légalité fortement compromise par l'appel de l'opposition aux soldats citoyens armés. Aussi, malgré les chaises brûlées, malgré les charges de cavalerie, malgré les attroupements et les barricades ébauchées, il m'était

---

1. La proclamation qui appelait la garde nationale à faire la haie sur le passage du cortége réformiste avait, dit-on, été rédigée par Armand Marrast et publiée dans le *National* à l'insu de M. Odilon Barrot.

impossible de voir dans tout ce qui se passait autre chose qu'une œuvre sans vitalité, dirigée tant bien que mal par des niais ambitieux qui, n'étant ni révolutionnaires, ni conservateurs, devaient fatalement avorter.

C'est sous l'influence de ces idées que je sortis le 23 février, vers onze heures du matin, pour parcourir la ville et la passer en revue. La première personne que je rencontrai fut un ancien camarade d'école, avocat postulant pour entrer au parquet, et qui fut, depuis, procureur général sous l'empire. Il était fort animé et me dit : « Si nous ne profitons pas de la circonstance pour jeter bas ce gouvernement de vendus et de satisfaits, nous sommes bâtés pour plus de cinquante ans. » Mon bât était si léger que je ne le sentais pas ; je ris au nez de mon camarade en l'accusant d'avoir trop déjeuné et je continuai ma route. Le ministère des affaires étrangères était fort protégé ; des troupes échelonnées sur le boulevard s'étendaient de la Madeleine jusqu'à la rue Le Peletier.

Sur le boulevard Bonne-Nouvelle, on arrêta

des hommes qui criaient : « A bas Guizot ! » et on les enferma dans un poste occupé par quelques soldats de la ligne. La foule s'était amassée et poussait des vociférations ; le sergent qui commandait le poste était fort embarrassé de sa contenance ; ses hommes étaient en petit nombre, les gens du peuple causaient avec eux ; les militaires disaient : « Nous n'avons pas eu de distribution de vivres ce matin. » On alla chercher du pain, du vin, de la charcuterie, qu'on leur offrit ; le sergent jurait comme un templier, mais les soldats n'en mangeaient pas moins ; la grille du poste fut ouverte, je ne sais comment ; des hommes pénétrèrent dans *le violon* et en firent sortir les prisonniers. Captifs et libérateurs s'en allèrent de conserve, criant : « Vive la réforme ! » Un loustic monta sur un banc et proposa de nommer Pritchard ministre des affaires étrangères à la place de M. Guizot. La foule battit des mains. On se rappelle que l'indemnité payée à Pritchard sur les instances de l'Angleterre était pour le gouvernement du roi Louis-Philippe une cause permanente d'impopularité.

Je m'étais enfoncé dans la rue Saint-Denis, que rien ne troublait ; mais, arrivé vers le Petit-Carreau, qui était occupé militairement, j'entendis quelques coups de fusil dans le lointain. Je voulus interroger les soldats ; un capitaine s'approcha de moi et me dit fort poliment qu'il était interdit à ses hommes de communiquer avec qui que ce soit. « Est-ce que l'émeute est sérieuse ? » lui dis-je. Il leva les épaules en signe d'ignorance et me répondit : « Ah ! ce ne sont point les émeutiers que je redoute. — Eh ! que redoutez-vous donc ? — La garde nationale, qui, si cela continue, va « s'amuser » à nous tirer dans le dos. »

Je repris ma route, au hasard des rues qui s'ouvraient devant moi, et j'entrai dans la rue des Fossés-Montmartre, qui est aujourd'hui la rue d'Aboukir. Sur la place des Victoires, un bataillon de la garde nationale, — de la 3e légion, si mes souvenirs ne me trompent pas, — avait été massé pour protéger les abords de la Banque de France ; au moment où j'approchais, je vis le bataillon osciller dans une sorte d'indécision dont je ne me rendis pas compte ; il semblait hésiter; les hommes se parlaient entre eux avec animation; tout à coup le chef de bataillon plaça son shako au bout de son sabre et se mit à crier : « Vive la reforme! A bas Guizot ! »

Tout le bataillon l'acclama, et une cinquantaine de gamins qui l'entouraient firent chorus. On cria : « Aux boulevards! aux boulevards! » Le chef de bataillon — forcé d'obéir, puisqu'il commandait — donna l'ordre de se mettre en marche, et ces hommes, vociférant, agitant leur fusil, accompagnés d'une foule dépenaillée, s'engouffrèrent dans la rue des Fossés-Montmartre. Je connaissais ce chef de bataillon ; c'était un riche agent de change qui comprit plus tard, à certaines différences de Bourse qu'il eut à payer, que les leçons au pouvoir coûtent souvent aussi cher à ceux qui les donnent qu'à ceux qui les reçoivent. Je courus vers lui: « Où allez-vous ? — Je n'en sais rien, me répondit-il ; je viens de protéger la population contre les cuirassiers qui voulaient la sabrer ; ce gouvernement nous rend la risée de l'Europe; je vais promener mes hommes à travers

la ville, afin de donner l'exemple à la bourgeoisie ; je suis tout prêt, si l'on veut, à aller arrêter Guizot pour le conduire à Vincennes.
— En tout cas, lui dis-je à voix basse, n'allez pas rue du Petit-Carreau, il y a de l'artillerie. »
Je me souvenais du capitaine qui craignait qu'on ne lui tirât dans le dos. Mon avis — peu scrupuleux — ne fut point perdu. Arrivé rue Montmartre, le chef de bataillon commanda par file à gauche et se rendit sur les boulevards, comme du reste ses soldats le lui avaient ordonné.

Aux Halles, où je voulus passer, la circulation était interdite ; de fortes batteries d'artillerie les occupaient. Je revins alors vers les boulevards ; une foule énorme se pressait sur les trottoirs et sifflait les patrouilles de dragons qui, le sabre au poing, marchaient au pas sur la chaussée. Au coin de la rue Le Peletier, où s'était réuni un bataillon de garde nationale, l'arme au pied, les cris et les injures contre les dragons prirent un caractère excessif; on leur lançait d'intolérables insultes. Le capitaine qui les commandait fit rapidement quelques dispositions pour charger; le chef de bataillon de la garde nationale cria un ordre, et tous ses hommes vinrent, en courant, se placer entre la foule et les dragons. Un immense applaudissement retentit, et les dragons s'éloignèrent.

Il était quatre heures; je marchais depuis le matin; j'étais fatigué et je repris le chemin de ma maison. Je rencontrai Pradier vers la rue du Helder; il était appuyé contre une boutique fermée et regardait les mouvements de la foule; comme toujours, il était vêtu de sa veste de velours noir doublé de soie bleue, à demi drapé dans un de ces manteaux courts que l'on appelle almaviva et coiffé de son célèbre chapeau tyrolien. Je l'aimais beaucoup et j'allais très-souvent le voir à son atelier de l'Abbatiale. Nous nous mîmes à causer. — Que pensez-vous de tout cela? me dit-il. — C'est une niaiserie, lui répondis-je, et je ne vois là que quelques pauvres nigauds abusés par une rhétorique imbécile, qui ne méritent que le fouet et que l'on aura la sottise d'envoyer au mont Saint-Michel. — Vous voyez les choses en beau, répliqua Pradier ; ça fermente, et tous ces gens-là vont faire une vilaine besogne. Croyez-moi, si le père la Cocarde — c'est ainsi qu'il désignait invariablement Louis-Philippe — ne remet pas un peu son Guizot au vert, la garde nationale ira demain elle-même installer d'autres ministres ; c'est la reine qui est cause de tout cela ; elle le soutient dans son entêtement. — Pradier, depuis quelque temps, était fort irrité contre le roi, et surtout contre la reine, qui avait refusé d'acheter une *Pietà* en marbre, assez médiocre, du reste, qu'il se voyait forcé de garder à l'atelier.

En rentrant chez moi, j'y trouvai Gustave Flaubert et Louis Bouilhet, qui étaient arrivés de Rouen pour voir l'émeute, « au point de vue de l'art, » et qui m'attendaient au coin du feu. Lorsque nous sortîmes ensemble, vers cinq heures et demie, un grand apaisement semblait s'être produit ; les dragons faisaient des promenades pacifiques sur le boulevard ; la nuit était venue ; la foule s'était dispersée ; çà et là quelques groupes causaient à voix basse sur les trottoirs. Vers six heures, comme nous étions à l'entrée de la rue Vivienne, nous vîmes marcher de notre côté deux ou trois compagnies de garde nationale qui criaient : Vive le roi! à tue-tête; aux fenêtres, des gens apparaissaient qui applaudissaient et agitaient des mouchoirs; des lampions, des lanternes de papier s'allumaient sur le bord des croisées.

Le ministère était changé, le roi renonçait à lutter contre l'opinion publique, si nettement exprimée; M. Molé remplaçait M. Guizot. Guizot, Molé, cela était, en somme, fort indifférent à la masse totale de la population, mais elle remportait la victoire, elle croyait peut-être naïvement qu'une modification ministérielle amènerait une amélioration sérieuse; en tous cas, les chances d'une bataille avec les troupes venaient de disparaître, et, comme personne ne se souciait de combattre, tout le monde était content. La bonne nouvelle se répandit à travers la ville avec une rapidité extraordinaire; on était fou de joie.

C'était, en résumé, un très-grave échec, un échec essentiellement anticonstitutionnel, qui venait d'atteindre la royauté; car c'était contre un vote de la majorité parlementaire et sous la pression menaçante d'une garde nationale hostile que l'évolution ministérielle se faisait. Combien plus sage et plus politique il eût été d'écouter les conseils intelligents que MM. Husson, Lahure et Lanquetin, avaient portés au préfet de police !

Comme nous pénétrions dans le Palais-Royal pour aller dîner au restaurant des *Trois Frères provençaux*, nous fûmes croisés par une bande d'individus de toute catégorie, qui, tenant des lanternes de papier en mains, parcourait les rues en poussant ces cris qui, depuis deux jours, servaient de mot d'ordre et de ralliement à tous les mécontents : « Vive la réforme ! à bas Guizot ! » Quelques rares cris de : « Vive le roi ! » s'y mêlaient. On criait : « Illuminez ! illuminez ! » — le fameux air des Lampions, emprunté au rappel de la garde nationale, n'est venu que plus tard, au moment de la plantation des arbres de la liberté ; — on obéissait de grand cœur ; faute de lampions, on mettait des lampes, des bougies, des chandelles, sur les fenêtres.

Je me rappelle que le garçon qui nous servait — un de ces hommes à favoris bien taillés et à cheveux luisants comme on en trouve dans tous les cafés — était absolument ahuri et tremblait de peur; nous cherchâmes à le rassurer, en lui disant que tout était fini. — « Non, dit-il, rien n'est fini tant que ce peuple sera dans la rue. » La sainte égalité ne le comptait point au nombre de ses adeptes, car il prononça le mot peuple avec une telle expression de mépris, que nous éclatâmes de rire.

Il était neuf heures et demie environ, lorsque nous approchâmes du boulevard des Capucines. Nous avions hâté le pas pour n'être point coupés par une longue colonne d'hommes, de gardes nationaux sans armes, portant des torches, des lanternes de couleur, comme les autres bandes que nous avions déjà rencontrées, et qui se dirigeait vers la place de la Madeleine. J'avais, en passant, remarqué l'homme qui la précédait et semblait la guider. C'était un grand garçon d'une quarantaine d'années, coiffé d'un chapeau mou d'où s'échappait une belle chevelure bouclée qui tombait jusque sur le collet d'une vareuse bleuâtre; sa longue barbe brune flottait sur sa poitrine; je l'avais regardé avec soin, croyant reconnaître en lui un modèle qui posait « les Christ » dans les ateliers; il paraissait fort exalté; sa voix avait des intonations éraillées par la fatigue et peut-être aussi par l'eau-de-vie; il brandissait une torche qu'il secouait avec une sorte d'énergie sauvage.

Le boulevard était complétement barré par des troupes de ligne; la circulation était interceptée; on ne passait ni rue des Capucines, ni rue de Luxembourg; de ce côté, il fallait aller chercher la rue Neuve-Saint-Augustin; de l'autre, les rues de Caumartin, de Sèze et Basse-du-Rempart, étaient libres. Derrière les shakos des soldats massés par pelotons sur six rangs, on apercevait des casques de dragons, que les illuminations des étages supérieurs semblaient animer de lueurs mouvantes. Le ministère des affaires étrangères était morne; la grande porte cochère était fermée; seule, une porte de service s'ouvrait par l'entre-bâillement de laquelle on voyait un bivouac militaire ; les grands arbres du jardin se perdaient dans l'ombre ; nulle lumière ; ce grand bâtiment obscur contrastait avec toutes les illuminations qui brillaient aux fenêtres des maisons voisines.

La cohue pleine de clameurs arrivait à la hauteur du ministère lorsque nous entrions dans la rue de Sèze. Au moment où je saisissais le marteau de la porte pour frapper, nous entendîmes une violente détonation. Gustave me dit : « C'est un feu de peloton ; allons voir. » Je lui répondis : « Un feu de peloton ! es-tu fou ? Ce sont des enfants qui font partir des pétards, en signe de réjouissance, montons chez moi. » A cent pas de ce champ de carnage où tombèrent tant de malheureux que nous aurions, du moins, pu secourir, ne nous doutant de rien, ne soupçonnant rien, nous passâmes la soirée et une partie de la nuit à écouter Louis Bouilhet, qui nous lisait le premier chant de son admirable poëme de *Melœnis*.

III

LE COUP DE FEU SUR LE BOULEVARD DES CAPUCINES.

Réunion chez Odilon Barrot. — D'où vient la légende du coup de pistolet de Lagrange. — Charles Lagrange. — Le citoyen beau-père. — Lagrange au Gros-Caillou. — Le 14ᵉ de ligne. — Le lieutenant-colonel Courand. — Le ministère de la justice menacé. — Positions militaires du 14ᵉ de ligne. — Colloque entre le lieutenant-colonel et la foule. — Le chef de bande. — Conflit. — Le sergent Giacomoni. — Un coup de torche. — Croisez la baïonnette ! — Le coup de feu. — Le feu de peloton. — Effarement. — Sauve qui peut. — Panique des soldats. — La grosse caisse du régiment. — On reforme les rangs. — Promenade des cadavres. — La bonne aubaine. — La retraite des troupes. — MM. Thiers et Odilon Barrot nommés ministres. — Trop tard. — Niaiserie et proclamation. — Un vieux vaudeville.

Pendant que les événements s'accéléraient, on discutait chez M. Odilon Barrot; des députés de l'opposition et des journalistes agitaient la question de savoir si l'on devait se contenter d'un ministère dont M. Molé serait le chef et qui ne contenait aucun des meneurs du mouvement réformiste. Quelques individus étaient venus faire une manifestation sous les fenêtres de M. Barrot; il y avait eu échange de clameurs et de discours; M. Garnier-Pagès jouant, comme toujours et partout, son rôle de mouche du coche révolutionnaire, n'avait point négligé cette occasion de débiter quelques lieux communs. On s'était remis à discuter, lorsque M. Chambaron, secrétaire de M. Odilon Barrot, qui avait été aux informations sur le boulevard, entra dans l'appartement et, fort ému, raconta qu'il venait de voir une bande considérable d'émeutiers se diriger vers le ministère des affaires étrangères, et que la troupe de ligne semblait disposée à lui interdire le passage; il ajouta que ce groupe fort désordonné était conduit par un individu de haute stature et barbu, dans lequel il avait cru reconnaître Lagrange. A ce moment, on entend le bruit de la fusillade.

Ce fut ce mot légèrement jeté au milieu

d'hommes effarés qui donna naissance à la légende du coup de pistolet. Cette appréciation, qui n'était qu'une erreur dans la bouche de M. Chambaron, devint une calomnie réfléchie sous la plume de Lucien de la Hodde [1], qui ne devait pas ignorer où était Lagrange à cet instant, car il était payé pour le savoir. Charles Lagrange était un grand garçon maigre, le visage ravagé, portant de longs cheveux, et qui jadis avait obtenu une sorte de réputation pour la part qu'il avait prise, en avril 1834, à l'insurrection de Lyon. C'était une fort pauvre cervelle et tout simplement un médiocre énergumène, qui perdait à faire de la politique de tabagie un temps qu'il eût mieux fait d'employer à apprendre quelque chose. Nommé plus tard député à la Constituante, il y prononça un mot qui peint l'homme; il s'agissait de décider si l'on maintiendrait à Madame la duchesse d'Orléans le douaire stipulé par le contrat de

---

1. *Histoire des sociétés secrètes et du parti républicain*, p. 457.

mariage; nul légiste n'hésitait, car la qualité d'une personne ne peut créer une exception pour une loi de droit commun; mais Lagrange ne l'entendait pas ainsi; son argumentation porta sur la fortune des d'Orléans : « Le citoyen beau-père est très-riche, » disait-il ; le « citoyen beau-père, » c'était le roi Louis-Philippe. Après le coup d'État, Lagrange fut expulsé de France, où l'on aurait pu le laisser sans danger. Il se réfugia en Hollande ; il y fut commissionnaire en vins, et mourut à La Haye le 22 décembre 1857.

A l'heure où on l'accusait de décharger un pistolet sur les troupes, afin d'amener une collision dont le parti révolutionnaire, représenté par la *Société des saisons* et la *Société dissidente*, pourrait profiter pour chasser la royauté au profit de la République, il était au Gros-Caillou cherchant à soulever les ouvriers de la manufacture des Tabacs, qui ne répondaient guère à son appel. Le fait qui produisit la catastrophe fut inopiné, et la responsabilité tout entière en incombe à un obscur sous-officier du 14e de ligne.

Le régiment était caserné à Courbevoie. A la fin du jour, il reçut l'ordre de venir prendre dans Paris des positions désignées ; il était sous le commandement immédiat du lieutenant-colonel Courand, car son colonel, M. Ortoli, était retenu malade à l'infirmerie du Val-de-Grâce. Le régiment se composait de trois bataillons : l'un fut envoyé sur le quai aux Fleurs, près du Palais de Justice ; l'autre sur la place du Palais-Royal ; le dernier enfin, celui qui nous occupe, conduit par le lieutenant-colonel et commandé par le chef de bataillon de Bretonne, vint s'établir, à sept heures du soir, devant le ministère des affaires étrangères. Il était composé de huit compagnies et avait avec lui la musique du régiment.

Les ordres transmis au colonel Courand lui enjoignaient de protéger la demeure de M. Guizot et d'intercepter toute circulation sur le boulevard. A huit heures et demie, un bataillon de la 2ᵉ légion était venu, sous la direction du colonel Talabot, se placer devant le détachement du 14ᵉ, qu'il couvrait complétement, faisant face vers la Bastille. Si ce bataillon avait reçu le premier choc de la bande qui parcourait les boulevards pour faire illuminer les maisons, il est fort probable que tout se fût passé en pourparlers, et qu'un accident de si grave conséquence eût été évité. Malheureusement un autre groupe insurrectionnel s'était porté, place Vendôme, devant la chancellerie, criant : « A bas Hébert ! » — qui était alors ministre de la justice et fort peu populaire, — exigeant impérieusement que l'on illuminât l'hôtel et menaçant d'y mettre le feu, si l'on n'obéissait pas. Il y eut un moment de trouble parmi les soldats du poste de l'état-major, voisin de la chancellerie, et l'on fit demander du secours au colonel Talabot ; celui-ci, au lieu d'envoyer deux ou trois compagnies pour maintenir la foule, que la vue de quelques lampions placés en hâte sur le balcon du ministère avait, du reste, déjà calmée, mit tout son bataillon en marche, se rendit place Vendôme par la rue des Capucines et découvrit le 14° de ligne qui, dès lors, formait tête de colonne et semblait protéger les dragons massés derrière lui.

Les compagnies étaient disposées en une sorte de bataillon carré, au centre duquel s'ouvrait un vide où la plupart des officiers étaient réunis autour du lieutenant-colonel, qui était à cheval ; les soldats avaient l'arme au pied ; quelques vedettes indiquaient aux curieux et aux promeneurs les passages libres de la rue Saint-Augustin, de la rue Basse-du-Rempart, de la rue Caumartin, de la rue de Sèze ; on obéissait à la consigne donnée et nul n'y faisait résistance.

A neuf heures et demie, la colonne que nous avions dépassée se trouva face à face avec les soldats ; ceux-ci avaient serré les rangs et portaient l'arme au bras. Au cri : « On ne passe pas ! » la bande fit halte ; la queue, marchant toujours, poussa la tête, et il y eut quelque confusion. Les sentinelles s'étaient repliées devant la foule. Le lieutenant-colonel fit ouvrir la première division de son détachement, et, seul, s'avança : « Que voulez-vous ? — Nous voulons que le ministère des affaires étrangères illumine ! — Ça ne me regarde pas ! — Laissez-nous passer ! » Le lieutenant-colonel répliqua avec beaucoup de douceur : « Mes enfants, je suis soldat, et je dois obéir ; j'ai reçu la consigne de ne laisser passer personne, et vous ne passerez pas. Si vous voulez aller plus loin, prenez la rue Basse-du-Rempart. » La foule cria : « Vive la ligne ! » M. Courand reprit : « Je suis très-touché de votre sympathie, mais je dois faire exécuter les ordres supérieurs ; je ne puis vous laisser passer ! »

A ce moment, l'homme barbu qui tenait une torche et semblait guider la colonne fit un pas vers le colonel et lui cria : « Vous n'êtes tous que de la canaille, je vous dis que nous passerons ; c'est notre droit. » Il y eut des murmures parmi les soldats ; le lieutenant-colonel étendit la main, comme pour les calmer, et répondit sans se troubler : « J'ignore quel est votre droit, mais je sais quel est notre devoir et je n'y faillirai pas. » L'homme alors dit : « Toi, tu n'es qu'un blanc-bec, je vais te griller la moustache. » Et d'un geste rapide, il porta sa torche au visage du lieutenant-colonel, qui rejeta vivement la tête en arrière. Un sergent de grenadiers, qui était en serre-file, fit un bond en avant et coucha en joue l'homme qui tenait la torche.

Ce sergent était un Corse et s'appelait Giacomoni ; c'était un excellent soldat, très-ponctuel, très-dévoué, absolument soumis à la discipline, et ayant pour le lieutenant-colonel Courand un de ces attachements passionnés qui ne sont pas rares chez les hommes de son pays, quoique le lieutenant-colonel fût « un continental », comme l'on dit du côté d'Ajaccio. Le fusil était à peine abaissé qu'il fut énergiquement relevé par le capitaine de Ventiny, qui s'écria : « Êtes-vous fou ? Qu'est-ce que vous faites ? » Giacomoni, tout en conservant son arme dans une position menaçante, répondit : « Puisqu'on veut faire du mal au lieutenant-colonel, je dois le défendre, n'est-il pas vrai ? » Le capitaine répliqua : « Restez tranquille ! » Trois ou quatre fois de suite la même scène se renouvela, et M. de Ventiny écarta le fusil du sergent, qui continuait à dire : « Mais puisqu'on veut faire du mal au colonel ! »

Cependant, les curieux entassés sur les trottoirs criaient : « Ils passeront ! Ils ne passeront pas ! » Le tumulte était excessif; les cris se mêlaient : « A bas Guizot ! Vive la réforme ! Allons-nous-en ! Vive la ligne ! Laissez-nous passer ! Illuminez ! illuminez ! » Toutes ces clameurs confuses bruissaient comme un ouragan. L'homme barbu s'adressant au lieutenant-colonel lui cria : « Une dernière fois, veux-tu nous laisser passer ? — Non ! » L'homme fit un nouvel effort pour frapper M. Courand au visage avec sa torche. Le lieutenant-colonel se retira derrière sa première division, massée sur trois rangs, et commanda : « Croisez la baïonnette ! » Giacomoni ajusta l'homme et fit feu; l'homme s'effondra sur lui-même; comme disent les chasseurs, il avait été brûlé à bout portant. Voilà quelle fut la détonation que l'on entendit avant les autres et qui fit croire à un coup de pistolet intéressé tiré par un des émeutiers.

Le coup de fusil du sergent Giacomoni fut

une sorte de commandement pour ces malheureux soldats pressés par la foule et se croyant menacés d'un danger réel ; deux compagnies firent machinalement feu ; cinquante-deux personnes tombèrent, mortes ou blessées. Les groupes étaient compactes et touchaient presque le premier rang du 14ᵉ de ligne. L'ahurissement des soldats était tel qu'ils tirèrent les uns sur les autres. Ce fut un effarement sans nom : tout le monde se sauva, les plus lestes sautant par-dessus la balustrade de la rue Basse-du-Rempart, qui alors était en contre-bas de deux mètres avec le boulevard, les plus avisés se jetant à plat ventre, les autres, affolés, courant devant eux sans savoir où ils allaient.

L'imitation sympathique est la maladie nerveuse des foules ; une terreur justifiée avait emporté tous les individus qui composaient la colonne de la manifestation : mais que penser de la panique qui aussitôt saisit les soldats? Ils se mirent à fuir par la rue de Sèze, par la rue de Luxembourg, par la rue Neuve-des-Capucines ; le lieutenant-colonel Courand, dressé sur ses étriers, avait beau crier : — « 14ᵉ de ligne, vous vous déshonorez ! » rien ne pouvait arrêter l'élan de ses hommes ; les dragons les imitèrent et partirent, à fond de train, vers la place de la Concorde.

Un incident profondément comique aida à mettre fin à cette déroute. Un mouvement instinctif pousse tout homme qui se croit en danger à se dissimuler derrière un abri et à mettre entre lui et le péril l'obstacle d'une muraille. La plupart des soldats cherchèrent donc un refuge dans le ministère même des affaires étrangères. J'ai dit plus haut que la grande porte cochère était close et que seule une petite porte bâtarde était restée ouverte ; c'est par cette baie étroite que la plupart des hommes s'élancèrent, malgré leurs officiers qui les rappelaient et ne leur ménageaient pas les épithètes. Tout alla bien et la porte fut assez large tant que les simples fusiliers s'y précipitèrent ; mais les musiciens à leur tour arrivèrent ; le porteur de la grosse caisse passa de sa personne, mais la grosse caisse ne passa point ; elle barricadait l'entrée ; on tirait le pauvre homme par-devant, on le poussait par-derrière, il criait comme un brûlé, mais le diable d'instrument, trop volumineux, ne pouvait franchir l'issue. On se mit à rire, on regarda autour de soi, les boulevards étaient vides, on se rassura, et, vaille que vaille, le bataillon reforma ses rangs. On rassembla les lanternes, les torches, les drapeaux, les chapeaux, les casquettes, les cache-nez, les cannes, les parapluies qui jonchaient la chaussée du boulevard, on en fit trois tas, on y mit le feu et l'on se chauffa, car l'on avait froid. On était triste, du reste, car l'on sentait qu'un fait irréparable s'était produit. On stationna toute la nuit sur le terrain qui, par ordre, fut évacué au point du jour.

Chacun sait ce qui se passa après cette fusillade. Seize cadavres ramassés, placés dans un chariot, rencontré par hasard et qui transportait une famille d'émigrants à la gare de l'Ouest, furent promenés dans tout Paris, à la clarté des torches, aux cris de « Vengeance, on égorge nos frères ! » La joie qui avait soulevé la ville entière, vers six heures, lorsque l'on avait appris la démission acceptée du ministère Guizot, faisait place, chez les défenseurs du pouvoir, à une stupeur profonde, et, chez ses adversaires, à une irritation inexprimable. Les hommes des sociétés secrètes — qui n'avaient jamais cessé de fonctionner malgré Doullens et le mont Saint-Michel — se cherchèrent, se trouvèrent, se réunirent et se résolurent à profiter énergiquement de ce que l'un d'eux eut le triste courage d'appeler « cette bonne aubaine ! » On sonna le tocsin dans la plupart des églises, on dépava les rues, on pilla les boutiques d'armurier, et avant la fin de la nuit la ville était, comme l'on dit, hérissée de barricades.

Les émeutiers ne furent point inquiétés pendant leurs préparatifs de combat ; toutes les troupes se retiraient, semblant faire un mouvement d'ensemble vers le Palais-Royal, les Tuileries, la place de la Concorde et les Champs-Élysées ; on paraissait abandonner la majeure partie de la ville à l'insurrection et réserver les derniers efforts de la défense pour la résidence du roi et la Chambre des députés.

Était-ce un plan stratégique destiné à réunir sur un seul point toutes les forces disséminées et qui permît de reprendre l'offensive, pour éviter une révolution dont l'immense majorité de la population ne voulait pas? Nullement : c'était une retraite.

Le roi Louis-Philippe, consterné des malheurs causés sur le boulevard des Capucines par l'imprudence emportée d'un soldat; comprenant que la garde nationale, en partie ralliée par les concessions qu'il s'était si tardivement laissé arracher, allait redevenir hostile en présence de tant de meurtres commis; voyant M. Molé refuser d'accepter le pouvoir dans ces lourdes et sanglantes circonstances, s'était décidé, fort à contre-cœur, à charger MM. Odilon Barrot et Thiers de former un ministère; en un mot, il accordait la réforme, dans l'espoir d'apaiser une population exaspérée. Cet abandon *in extremis* d'une résistance que l'on s'était fait gloire de pousser jusqu'au bout ne pouvait plus rien sauver, à l'heure qu'il était. Le grand mot de toutes les révolutions avait déjà été prononcé : « Il est trop tard! » Pour défendre et faire triompher la monarchie de Juillet, destinée à périr comme elle avait commencé, il eût fallu se résoudre à accepter une lutte sans merci. Une telle nécessité répugnait singulièrement au cœur du roi, qui était très-humain et très-bon; en outre, le résultat du combat était bien incertain, car l'attitude de la garde nationale neutralisait d'avance tous les efforts que l'on eût pu obtenir de l'armée régulière.

Les hommes qui venaient d'arriver au pouvoir par la voie illégale de l'agitation poussée jusqu'à l'émeute eurent-ils l'étrange naïveté de se figurer que la seule proclamation de leur nom allait apaiser l'irritation des foules, et que leur popularité était assez puissante pour enrayer ce qu'ils aimaient à nommer eux-mêmes le char sanglant des révolutions ? On peut le croire, car leur premier acte fut de désarmer la royauté et de lui enlever tout moyen de résistance. Voici, en effet, dans quels termes ils annoncèrent leur avénement au peuple, qui s'en souciait bien peu :

« Citoyens de Paris !

« L'ordre est donné de suspendre le feu. Nous venons d'être chargés par le roi de composer un ministère. La Chambre va être dissoute. Un appel est fait au pays. Le général Lamoricière est nommé commandant en chef de la garde nationale de Paris. MM. Odilon Barrot, Thiers, Lamoricière, Duvergier de Hauranne, sont ministres. Liberté ! ordre ! réforme !

Signé : « Odilon BARROT, THIERS. »

Au temps de mon enfance, j'ai vu une pièce de théâtre dans laquelle un homme était très-effrayé à l'aspect de brigands postés devant un chemin qu'il devait traverser. Il essayait de les attendrir par ses supplications ; les brigands ne répondaient et ne remuaient plus que souches. Il s'approchait et reconnaissait qu'il n'avait affaire qu'à des mannequins habilement disposés ; il devenait alors fort courageux, saisissait un des brigands postiches par la cravate en s'écriant : « Ah ! tu n'es qu'une poupée ! Ah ! lâche ! tu ne te défends pas ! »

et il lui brûlait héroïquement la cervelle. Je n'ai jamais pu me rappeler cette proclamation et les incidents de la journée du 24 février sans penser à cette vieille farce de tréteaux.

IV

LE COMBAT DU PALAIS-ROYAL.

Opinion de M. de Cormenin. — La crosse en l'air. — Déroute générale. — Rue du Père-du-Peuple! — La flaque de sang. — Chacun son tour. — La petite bourse. — La troupe fraternise avec les émeutiers. — Cavalcade d'Odilon Barrot et d'Horace Vernet. — La barricade de la rue du Helder. — La boutique de l'armurier Devisme. — Les armes de l'empire de Russie. — Une troupe d'émeutiers. — Vive l'Empereur! — La place du Palais-Royal. — Topographie. — Le poste du Château-d'Eau. — Encore le 14e de ligne. — Notre poste d'observation. — Le combat. — Une compagnie de la garde nationale. — Intervention inutile du maréchal Gérard. — Le général Lamoricière. — Il est blessé. — Ce qui s'était passé. — Une femme. — Un gamin. — Férocité des foules. — On se dispose à incendier le poste du Château-d'Eau. — Nous apprenons la fuite du roi.

Le matin du 24 février je dormais encore, lorsque Louis de Cormenin entra dans ma chambre. Il était fort ému et me raconta ce qui s'était passé la veille au soir : ce que j'avais sottement pris pour un bruit de pétards allumés par des enfants était un feu de peloton. Louis de Cormenin s'était trouvé pris dans la bagarre au moment où il venait chez moi ; il avait ramassé des morts et aidé à transporter des blessés. Il me dit que l'on s'armait de tous côtés, que dans la rue Caumartin, qu'il habitait, il avait vu des hommes se glisser lestement le long des murailles, en dissimulant un fusil sous leur blouse. Je lui demandai ce que pensait son père, — le célèbre Timon, — il me répondit : « Mon père est inquiet, il estime que, de part et d'autre, l'on n'a fait que des sottises ; il trouve que la résistance du Gouvernement est aussi peu justifiée que les manœuvres extra-parlementaires de l'opposition ; quoiqu'il n'aime pas Louis-Philippe, il ne voudrait pas le voir renverser, car il craint que l'on ne tombe de Charybde en Scylla. »

Je m'étais habillé et je montai sur ma terrasse ; au loin, dans la rue Royale, des soldats défilaient la crosse en l'air ; quelques passants s'arrêtaient à les regarder; les boutiques étaient closes; le poste du marché aux fleurs n'avait point de sentinelle et paraissait abandonné. Louis Bouilhet et Gustave Flaubert arrivèrent, venant de la rue Richepance, où ils étaient descendus à l'hôtel qui fait le coin de la rue Duphot; on commençait des barricades lorsqu'ils étaient sortis; Bouilhet voyait très-clairement les choses, et nous disait : Louis-Philippe est perdu, il ne couchera pas aux Tuileries ce soir. Nous regimbions contre cette opinion, que nous ne pouvions admettre; mais nous étions tristes, oppressés; nous nous sentions atterrés par cet inexplicable massacre.

Louis de Cormenin nous avait quittés pour aller voir quelques députés, amis de son père; Bouilhet, Flaubert et moi, nous partîmes ensemble. Au pied même de ma maison, devant un marchand de vin, deux soldats sans fusil, sans sabre, laissaient fouiller leur giberne et leur sac par deux gamins de quinze à seize ans, qui voulaient des cartouches. Je m'arrêtai avec stupeur; un de ces militaires s'aperçut de mon étonnement et me dit : « Oui, mon bourgeois, c'est comme cela ; puisqu'on nous lâche, nous lâchons tout ! »

Au coin de la rue de la Ferme l'écriteau municipal avait été remplacé par une planche sur laquelle on avait grossièrement écrit, à l'aide d'un pinceau trempé dans du noir : Rue du Père-du-Peuple, — en l'honneur d'Odilon Barrot ; — O Louis XII !

Le boulevard des Capucines était lugubre ; partout des boutiques fermées ; pas un soldat, pas même un planton devant le ministère des affaires étrangères ; des gens hébétés et muets regardaient une large mare de sang qui tachait le trottoir et avait coulé, par-dessus le parapet, jusque dans la rue Basse-du-Rempart ; un homme entoura cette flaque sinistre d'une ligne tracée à la craie et écrivit : Sang des victimes du despotisme. Quelques femmes se signaient en passant. Nulle colère, du reste, parmi les spectateurs ; ce qui dominait, c'était un sentiment d'inquiétude vague ; on ne parlait pas ; on regardait du côté du ministère muet et clos, comme si le mot de cette douloureuse énigme devait en sortir. Un homme d'une soixantaine d'années, correctement vêtu et d'élégante tournure, s'arrêta, fixa quelque temps les yeux sur le trottoir sanglant, et faisant un geste de menace avec sa canne, dans la direction du ministère, il dit : « Chacun son tour ! » Je le saluai, car je le connaissais ; c'était le comte de...., une notabilité du parti légitimiste.

Jusqu'aux approches de la rue de la Chaussée-d'Antin, le boulevard était assez morne et peu fréquenté ; mais, au delà, il était singulièrement animé ; aux environs de Tortoni, tous les petits boursiers, les courtiers marrons, semblaient s'être donné rendez-vous ; on discutait les événements de la veille, on escomptait les éventualités de la journée. La rente baissait, et l'on se demandait pourquoi l'armée débandée s'en allait la crosse en l'air, distribuant ses cartouches et faisant chorus avec ceux qui criaient : « Vive la réforme ! » on ne savait trop que se répondre. Non-seulement l'on avait prescrit aux troupes de cesser toute résistance, mais on leur avait ordonné de se retirer dans leurs casernements. Les soldats suivis, entourés, menacés, n'ayant plus le droit de se défendre et courant risque d'être massacrés, avaient mis la crosse en l'air pour affirmer leurs dispositions pacifiques et avaient « fraternisé avec le peuple; » ce qui était naturel.

Nous déjeunâmes fort rapidement, et nous continuâmes à nous promener sur le boulevard des Italiens, où nous pensions avoir plus facilement des nouvelles par les gens de bourse que nous interrogions, et où l'animation s'accentuait de plus en plus. Une sorte de curiosité remua la foule et la poussa vers la marge du trottoir; nous vîmes passer sur la chaussée Odilon Barrot et Horace Vernet, le premier vêtu en bourgeois, le second en colonel de la garde nationale, tout chamarré de croix, de plaques et de cordons. Ce fut un déplaisant spectacle. A cheval tous deux, Neptunes improvisés cherchant à calmer les tempêtes de l'océan populaire, ils allaient, saluant, faisant des signes de la main, recommandant le calme, la prudence, criant à haute voix que M. Guizot n'était plus ministre, que l'on avait la réforme, qu'on allait faire des élections nouvelles et mettre fin à un « système » condamné par l'opinion publique. On ne répondait guère; quelques gens riaient, d'autres haussaient les épaules ; l'impression générale était sévère. Quoi ! pour être ministre, fallait-il donc nous jeter dans tant de hasards périlleux? Les deux pacificateurs n'allèrent pas bien loin, jusqu'à l'extrémité du boulevard Bonne-Nouvelle, tout au plus ; là, une volée de pierres et d'injures leur apprit ce que pesait leur popularité.

Le passage du nouveau ministre de l'interieur, accompagné du peintre officiel des batailles d'Algérie, n'avait, sans doute, produit qu'un médiocre effet dans le quartier de la Chaussée-d'Antin, car on construisait une barricade au coin de la rue du Helder. La foule se pressait contre la porte entre-bâillée de l'armurier Devisme; une main passait par l'ouverture et distribuait des lames de sabre non montées ; faute de mieux, l'on s'en contentait. La distribution était terminée, la porte refermée ; Devisme, à la fenêtre de l'entre-sol, regardait et ne paraissait point satisfait; il était à demi caché par un énorme écusson en plâtre doré figurant les armes de l'empire russe, et qui surmontait la devanture de sa boutique. Un jeune homme blond, à petites moustaches, à pommettes saillantes, et dont le nez avait des dimensions quelque peu exagérées, se tenait immobile près de la barricade, portant un fusil de chasse sous le bras; il avisa l'écusson et cria à l'armurier : « Passez-nous les armes de Nicolas pour en couronner le sommet de nos pavés! » — Devisme répondit par un geste de dénégation très-énergique. — Le jeune homme le mit rapidement en joue et dit : « Jette-les, ou je te brûle! » Devisme saisit l'écusson et le précipita par terre avec fureur; tout vola en éclats, tout fut brisé, excepté les armes du royaume de Pologne : l'aigle blanche et le saint Michel. Le jeune homme ramassa ce fragment intact et le cacha sous sa redingote en disant : « J'irai le reporter à Varsovie! » — Je ne nommerai pas ce Polonais que nous connaissons tous, et qui s'est fait une réputation dans la littérature française.

De l'autre côté du boulevard, devant la boutique du confiseur Boissier, une longue colonne d'insurgés défilait en bon ordre, bien armée, et dans laquelle on reconnaissait plusieurs hommes portant le costume des équipages de la flotte ; en tête un tambour de la garde nationale battait la charge ; la bande se dirigea par la rue de la Paix, en criant : « Aux Tuileries ! » Nous la suivîmes ; lorsqu'on traversa la place Vendôme, les tambours battirent aux champs, on porta les armes, on agita les casquettes, et une immense acclamation de : « Vive l'Empereur ! » monta vers la statue de bronze. Les hôtels de la chancellerie et de l'état-major étaient fermés ; les guérites étaient vides, nul soldat n'y apparaissait.

En passant près de la rue Saint-Honoré, nous entendîmes, vers notre gauche, des détonations répétées ; il y avait par là une vive fusillade ; nous y courûmes ; le bruit nous guidant, nous ne tardâmes pas à arriver près de la place du Palais-Royal. On s'y battait. Ces lieux ont été si profondément modifiés par la prolongation de la rue de Rivoli et l'achèvement du Louvre, qu'ils sont aujourd'hui méconnaissables. La place du Palais-Royal était alors séparée de la place du Carrousel par un réseau fort enchevêtré de rues, ou plutôt de ruelles, qui en rendait les abords aussi faciles à défendre que difficiles à attaquer. En face même du palais s'élevait un grand corps de garde, dont tout le premier étage était occupé par une large fontaine en rocailles et à chute que l'on appelait le Château d'Eau du Palais-Royal; les fenêtres du corps de garde étaient garnies de grilles en fer très-solides. Ce bâtiment, assez bien construit, était isolé, du côté du Louvre, par la rue Froidmanteau; du côté des Tuileries par la rue Saint-Thomas-du-Louvre, où se trouvaient les écuries du roi. La rue Saint-Thomas-du-Louvre se réunissait, sur la place du Palais-Royal, à angle aigu avec la rue de Chartres, qui elle-même était coupée en zigzag par la rue de l'Échaudé. Vers les Tuileries, la rue de Valois, la rue de Rohan, la rue Saint-Nicaise, débouchaient sur la place ou à la jonction de celle-ci avec la rue Saint-Honoré. Vers le Louvre, les rues Pierre-Lescot, du Chantre et de la Bibliothèque, refuge de toute prostitution, se dégorgeaient à l'endroit où l'on voit actuellement les magasins du Louvre.

La place du Palais-Royal constituait donc une sorte de forteresse environnée de chemins couverts, très-étroits, qu'une simple barricade suffisait à oblitérer. Or, la place et le palais étaient au pouvoir des insurgés nombreux, bien armés, pourvus de munitions, mais combattant au hasard, selon la fantaisie de chacun. Le poste du Château-d'Eau était occupé par un détachement du 14e de ligne qui, réfugié dans cette impasse, portant la responsabilité du massacre dont le régiment était coupable, refusait de se rendre à merci comme les assaillants l'exigeaient.

En traversant la rue Saint-Honoré à la hauteur de la rue Jeannisson, un flot de peuple nous avait séparés les uns des autres ; j'avais promptement retrouvé Flaubert, que sa haute taille rendait reconnaissable de loin. Quant à Bouilhet, il avait disparu. Gustave Flaubert et moi nous nous installâmes contre un pâté de maisons qui séparait la rue du Rempart de la rue de Richelieu, tout près de l'ancienne *Civette*, à côté de la boutique d'un pharmacien. De là nous pouvions voir la rue Saint-Nicaise, la rue de Rohan, la place et le poste du Château-d'Eau. L'endroit était bien choisi, mais peu sûr. Un homme frappé d'une balle s'affaissa à nos pieds ; nous le fîmes entrer chez l'apothicaire, qui se souciait médiocrement de le recevoir.

Nous apercevions distinctement les soldats derrière le grillage des fenêtres ; debout, très-calmes, ils chargeaient leurs fusils, ajustaient et tiraient. Les insurgés, dissimulés derrière les colonnes du palais, ripostaient. Une bande venue par le haut de la rue Saint-Honoré, et où je reconnus plusieurs forts des halles à leurs grands chapeaux, se jeta franchement au milieu de la place ; on cria : « A l'assaut ! à l'assaut ! » et l'on se précipita en avant. Quelques coups de fusil arrêtèrent vite cet élan ; la foule reflua vers le palais ; cette foule augmentait sans cesse, recevant les contingents que toutes les petites rues adjacentes y versaient.

Je le dirai sans réserve, ceux qui m'intéressaient dans ce combat inégal, c'étaient les soldats ; c'étaient ces humbles serviteurs de la discipline et du devoir, qui allaient mourir pour un souverain dont ils ne se souciaient guère, pour des institutions qu'ils ne connaissaient pas, mais qui aimaient mieux périr que de forfaire à ce qui est leur honneur. Je ne pouvais m'empêcher de penser qu'une charge de cavalerie — les cuirassiers et les dragons étaient massés dans le Carrousel — aurait pu déblayer momentanément la place et permettre à ces braves gens d'opérer leur retraite.

J'eus un moment d'espoir. La 3ᵉ compagnie du 2ᵉ bataillon de la 1ʳᵉ légion de la garde nationale arriva, tambour battant, sur la place, marchant en bon ordre; elle fit un mouvement comme pour s'interposer entre le peuple et les soldats; les balles sifflèrent autour des shakos à pompons rouges; la compagnie tourbillonna sur elle-même et reprit le chemin de la rue de Richelieu.

Tout à coup nous vîmes apparaître dans la

rue de Rohan un homme, un vieillard, vêtu d'un habit noir et monté sur un cheval blanc; d'une main il agitait un papier et de l'autre une branche d'arbre; c'était le maréchal Gérard, qui faisait effort pour pénétrer sur la place; un trompette le précédait qui ne s'empressa pas de sonner au parlementaire; deux personnes conduisaient le cheval par la bride en criant : « Laissez passer! laissez passer! » Le cortége pacifique n'alla pas loin; il ne dépassa point la dernière maison de la rue Saint-Honoré, avant le palais, et il s'en retourna comme il était venu. C'était la dernière espérance qui s'éloignait; les pauvres soldats du 14⁰ étaient inutilement sacrifiés.

Le combat n'avait point cessé, mais il y eut subitement une accalmie, et en me levant sur la pointe des pieds je pus voir et reconnaître le général Lamoricière, qui arriva sur la place par la rue de Chartres. Il parlait; des cris lui répondirent que je ne compris pas. Il se tourna vers le poste du Château-d'Eau et fit deux fois de suite un geste affirmatif qui semblait s'adresser à un lieutenant appuyé contre la grille de la croisée du milieu ; des soldats gesticulaient violemment. Le général se retira ; la fusillade reprit de plus belle et dix minutes environ ne s'étaient point écoulées qu'il reparaissait. Il s'adressa encore aux soldats qui défendaient leur poste ; tout à coup son cheval s'abattit et il disparut au milieu d'un groupe d'insurgés qui se rua vers lui.

Depuis ce jour, j'ai su exactement ce qui s'était passé et je suis autorisé à le dire. Les hommes du 14ᵉ de ligne, reconnaissant un général qui les avait si souvent guidés, lui crièrent : « Nous laisserez-vous égorger ? Envoyez-nous du renfort, faites-nous dégager, nos munitions s'épuisent. » Le général répondit : « Tout de suite, on vient! » Lorsqu'il reparut pour la seconde fois, les soldats lui demandèrent : « Et les secours que nous attendons ? » Lamoricière, avec un geste d'impatience, leur dit : « Tout à l'heure, que diable, vous êtes bien pressés ! » Deux ou trois hommes exaspérés lui crièrent : « Tu n'es qu'un lâche ! » et tirèrent dessus. Son cheval seul fut atteint et s'abattit. Des hommes du peuple se précipitèrent sur le général, qui eut le bras traversé d'un coup de baïonnette ; on réussit à le faire entrer chez un marchand de vin, d'où il put, non sans peine, sortir sain et sauf dans le courant de la journée. Il était venu, deux fois, s'interposer entre les combattants pour faire cesser le feu, proclamer l'abdication du roi, et n'avait point été écouté.

Une bande armée, d'une cinquantaine d'individus environ, arriva au pas de course par la rue Saint-Honoré ; en tête marchait une femme qui n'était couverte que d'une chemise et d'un jupon ; sa chevelure brune et très-longue avait roulé jusque sur ses reins ; elle marchait dans des chaussons éculés et un de ses bas tombait en spirale autour de la cheville ; ses bras, ses épaules et presque toute sa poitrine étaient nus ; elle criait en brandissant un coutelas de boucher ; des hommes se jetaient sur elle et l'embrassaient ; elle ne s'en apercevait même pas. A quelques pas derrière elle venait un gamin de treize à quinze ans, nu-bras, sans souliers, juché sur un cheval harnaché d'une housse d'officier supérieur ; en main il tenait un fusil de munition armé d'une baïonnette, et sa tête disparaissait sous un énorme chapeau de piqueur de la maison du roi ; il donnait des coups de pied dans le ventre de son cheval en disant : « Hue donc ! »

Ce tourbillon se lança dans la place ; on s'approchait de plus en plus de la caserne, où les coups de fusil devenaient rares. Une clameur immense s'éleva ; tous les combattants criaient : « Oui ! oui ! » et l'on se mit à applaudir. Je compris bientôt quelle infernale idée avait surgi dans ces têtes devenues folles et quel effroyable crime on allait commettre. — Générosité du peuple, justice du peuple, clémence du peuple ! vains mots, odieuse rhétorique des ambitieux ! on en abusera longtemps encore ; mais cela n'empêchera pas toute foule soulevée de devenir immédiatement féroce. On voulait la vie des soldats qui se défendaient, et l'on se hâta d'en finir. On alla, rue Saint-Thomas-du-Louvre, chercher, aux écuries du roi, des voitures, des chariots de foin, et on les poussa contre la porte. Je vis que l'on se disposait à y mettre le feu pour brûler ces malheureux dans leur refuge; je fus saisi d'horreur et de dégoût.

Je venais de dire à Gustave Flaubert : « Allons-nous-en ! » lorsqu'un capitaine de la garde nationale, aimable et souriant, s'approcha et nous dit : « La victoire est complète; elle appartient tout entière à la garde nationale, qui ne la laissera plus échapper et qui, désormais, gouvernera. » Nous nous inclinâmes machinalement, par politesse, sans trop savoir ce que signifiait cette singulière communication. L'officier reprit : « Oui, messieurs; pardon! oui, citoyens; notre victoire est complète et la tyrannie est renversée. Le roi a pris la fuite, après avoir abdiqué; les Tuileries sont libres; le château est ouvert et chacun peut y entrer. »

Nous ne nous le fîmes pas dire deux fois, et, trois minutes après, nous étions près du pavillon de l'Horloge.

V

LA PROCLAMATION DE LA RÉPUBLIQUE.

La cour d'honneur des Tuileries. — Le banquet de la réforme. — La salle des Maréchaux. — Respect général. — Les combattants. — Le génie de la destruction. — Le jardin des Tuileries. — « Nos frères égarés. » — Les marrons du feu. — Les fausses nouvelles. — Les hommes du 14ᵉ de ligne. — Le Palais-Royal. — Pillage et incendie. — Un vainqueur. — Ambulance dans la galerie d'Orléans. — Un blessé. — La valetaille. — Les soldats. — Les boulevards. — Le mot de passe. — La place de l'hôtel de ville. — On proclame la République. — La souveraineté nationale ne veut pas du général Lamoricière comme ministre de la guerre. — Niaiserie d'Odilon Barrot. — Au delà du but.

Il y avait fort peu de monde dans la cour d'honneur des Tuileries; quelques serviteurs subalternes couraient effarés; des hommes du peuple, des gardes nationaux, en petit nombre, passaient les uns près des autres, riant, échangeant une plaisanterie, et se dirigeaient paisiblement du côté du pavillon de l'Horloge; nous y pénétrâmes. Dans une salle à manger prenant jour sur le jardin et située au rez-de-chaussée, nous vîmes une table servie : sur la grande nappe blanche des bols de lait, des cafetières d'argent au chiffre du roi, des petits pains dans des corbeilles. Des hommes s'assirent et mangèrent; l'un d'eux s'écria : « C'est notre banquet de la réforme ! » Le mot eut du succès et l'on rit beaucoup. Nous montâmes au premier étage ; je regardai l'heure à une pendule placée sur une très-belle cheminée en marbre vert de mer incrustée de camées ; il était une heure et dix minutes.

Dans la salle des Maréchaux, le seul portrait du maréchal Bugeaud avait été arraché et lacéré. Il n'y avait certainement pas plus de deux cents personnes dans les appartements. Le sentiment qui dominait était la curiosité; nulle haine, nulle colère, nul ressentiment. On remettait les baïonnettes au fourreau pour éviter de briser les lustres ou de déchirer les tentures ; en un mot, on était fort respectueux. Dans la salle du Trône, un homme assez bien vêtu s'était assis sur le grand fauteuil doré recouvert de velours rouge ; on faisait toutes sortes de momeries autour de lui, on le saluait jusqu'à terre ; il dit : « Messieurs, c'est toujours avec un nouveau plaisir que je me trouve au milieu de vous. » — On éclata de rire, car cette phrase, qui avait souvent servi d'exorde aux « discours du trône, » était, depuis longtemps, l'objet de la raillerie des petits journaux. Pendant les premiers instants la demeure royale fut absolument épargnée ; mais cette belle réserve ne dura pas longtemps ; le soir, le palais avait été pillé et saccagé de fond en comble, sauf l'appartement de la duchesse d'Orléans, dont la porte ne fut même pas ouverte.

Nous vîmes arriver la première bande de combattants qui, venant de la place du Palais-Royal, se rua sur les Tuileries. Une rumeur énorme composée de vociférations et de froissements d'armes montait vers nous ; nous courûmes en haut du grand escalier et nous nous trouvâmes en présence d'une masse d'hommes qui gravissait les degrés en poussant des cris de mort et de victoire. C'était une houle; les rampes s'écartaient sous le poids latéral qui les pressait. A mesure que cette tourbe violente parvenait sur le palier, elle se précipitait dans les appartements. Nous entendîmes quelques détonations; on cassait les glaces à coups de fusil. Le génie de la destruction, qui tourmente les enfants et les vainqueurs, faisait son entrée dans le palais.

Quand le premier, l'irrésistible flot, eut franchi l'escalier, nous descendîmes à grand'peine, au milieu des retardataires qui se hâtaient et nous heurtaient en courant. Nous avions besoin d'air et nous nous arrêtâmes sur le perron de la grande porte, devant le jardin réservé. Le temps était gris et sombre; au bout de la longue allée sans verdure on apercevait l'obélisque et, tout au fond, la baie de l'Arc-de-Triomphe. Sous les massifs de marronniers des hommes tiraient des coups de fusil contre les ramiers qui tourbillonnaient au-dessus des arbres.

Beaucoup de personnes s'étaient retirées devant l'insupportable cohue de l'envahissement et s'étaient réunies près du palais, à la place même où nous étions; il y avait là environ cent cinquante individus; j'étais debout sur le stylobate d'une des colonnes du portique et je regardais attentivement un groupe d'hommes, marchant avec une régularité militaire, qui se dirigeait de notre côté. Il approcha, et je reconnus des soldats de la garde municipale à cheval, sans arme aucune et en petite tenue. Arrivés à dix pas de nous, ces hommes ôtèrent leur bonnet de police, et, le visage souriant avec contrainte, ils saluèrent. Un d'eux prononça une courte phrase où je distinguai les mots : « Peuple et cause sacrée. » Derrière moi j'entendis armer des fusils; Flaubert et moi nous échangeâmes un coup d'œil et nous nous comprîmes. D'un élan nous étions près des gardes, les embrassant, leur serrant la main et les appelant : « Nos frères égarés ! » — que l'on nous pardonne d'avoir employé quelques pièces de cette fausse monnaie qui avait cours alors; ce n'est point à ces soldats que nous parlions, c'était aux insurgés victorieux qui se tenaient derrière nous, armés et furieux encore; — quelques braves gens qui étaient là nous imitèrent; les gardes furent entourés, embrassés, poussés dans une salle du vestibule, où l'on établissait une ambulance et où on leur apporta des vêtements qui leur permirent de s'éloigner sans être inquiétés.

Nous sortîmes de ce palais où bruissait un tumulte sans nom, et nous restâmes quelque temps à nous promener, dans la cour, avec un haut fonctionnaire du château que je connaissais depuis longtemps. Il était irrité et surtout mécontent. C'était un vieux soldat, et cependant il ne regrettait pas que l'on ne se fût pas défendu. Il blâmait le roi de son entêtement, déplorait la mort de la princesse Adélaïde, accusait M. Thiers de s'être servi de M. Odilon Barrot pour « tirer les marrons du feu » et se désespérait de n'avoir pas touché un quartier échu de son traitement. Puis, faisant un retour vers le passé et des larmes dans les yeux, il dit : — « Ah! si ce pauvre duc d'Orléans vivait encore, tout cela ne serait pas arrivé. »

Les bruits les plus contradictoires circulaient et trouvaient créance : Le roi s'est retiré à Saint-Cloud avec les cuirassiers ; la duchesse Hélène est régente ; la Chambre est dissoute ; le général Bedeau a été tué en défendant les abords du Corps législatif; le duc de Montpensier est à Vincennes et veut bombarder Paris ; Henri V est ici depuis hier au soir ; Odilon Barrot s'est battu en duel contre Guizot, qui a été blessé. Chaque minute apportait une nouvelle invraisemblable, et celui qui la transmettait « en était toujours sûr. »

En réalité, la Chambre des députés, où la duchesse d'Orléans s'était rendue avec ses enfants et le duc de Nemours, avait été envahie par les combattants armés ; nul ne se leva, nul ne fit entendre une parole en faveur du vieux roi ; les intransigeants des deux oppositions légitimiste et républicaine, — le marquis de la Rochejaquelein et Ledru-Rollin, — se réunirent pour rendre le désastre irréparable et faire proclamer un gouvernement provisoire, qui se nomma lui-même avec une désinvolture sans pareille.

Nous retournâmes sur la place du Palais-Royal ; le corps de garde éventré et noirci fumait, mais ne s'était point écroulé, comme on l'a prétendu depuis. Forcés par la fumée qui les aveuglait et par les flammes qui commençaient à les atteindre, les hommes du 14e de ligne avaient ouvert la porte en jetant leurs armes ; l'officier qui les commandait et qui le premier se présenta, le lieutenant Péresse, fut instantanément massacré ; cette victime, frappée avant même d'avoir pu dire un mot, apaisa la vengeance : les assaillants laissèrent passer ces vaincus héroïques qui les tenaient en échec depuis le matin ; seize blessés, onze morts, avaient singulièrement diminué la petite troupe. Dans un coin de la place, sur un tas de paille, les onze cadavres étaient couchés, les uns près des autres, la lèvre noire de poudre et la face convulsée.

Nous pénétrâmes dans la cour du Palais-

Royal, entre la galerie d'Orléans et le palais. On pillait et l'on brûlait. Quelle œuvre aussi bête qu'inutile ! Cinq grands feux étaient allumés ; on y précipitait les meubles, les glaces, les porcelaines ; rien ne fut sauvé. J'avisai une coupe d'argent revêtue de médailles d'or antiques d'une sérieuse valeur et d'une grande beauté. Je la ramassai et je demandai grâce pour un objet d'art précieux à tous les titres : on me mit lestement en joue, et je jetai la coupe dans les flammes. Je m'adressai à un élève de l'École polytechnique, qui promenait son élégant uniforme au milieu des chemises débraillées et des blouses en loques ; je lui expliquai qu'il y avait dans le palais des tableaux rares, signés de noms illustres, qu'il fallait essayer de les arracher à une destruction certaine ; le pauvre jeune homme m'écoutait sans me comprendre ; enfin, levant les bras avec un geste découragé, il me dit : — « Que voulez-vous que j'y fasse ? »

Non-seulement on dévastait les appartements, mais on avait forcé l'entrée des caves, et l'on y but tant que l'on y mit le feu. Les pompiers accoururent; on commença à jeter de l'eau sur l'incendie naissant et même un peu aussi sur les buveurs. Je me rappelle un des insurgés, les manches retroussées, ivre et titubant, qui faisait des efforts désespérés pour renverser les pompes; on le repoussait, sans trop de violence, car il était armé. Ce vainqueur, complétement abruti, s'en prit aux tuyaux sur lesquels il frappa à grands coups de sabre; mais le sabre n'avait point le fil, mais les tuyaux de cuir gonflés d'eau étaient très-résistants, l'arme rebondissait et rebondit si bien, qu'elle heurta le front de l'ivrogne qui se mit à crier : « A l'assassin! » Quelques-uns de ses camarades en eurent pitié et le couchèrent dans un coin, où il s'endormit.

Dans la galerie d'Orléans, on avait improvisé une ambulance; les coussins des canapés royaux servaient de matelas, et sur les blessés on avait étendu, en guise de couverture, les lourds rideaux de velours rouges bordés de crépines d'or. J'avais beaucoup vécu dans les hôpitaux, j'avais l'habitude des pansements et de la petite chirurgie, je m'empressai auprès de ces pauvres gens dont la plupart n'avaient que des contusions et des égratignures. L'un d'eux paraissait très-affaissé ; une femme l'engageait à boire un verre d'eau sucrée ; c'est à peine s'il avait la force de tenir son verre. C'était un soldat ; sa grosse figure joufflue et peu nettoyée était avachie par l'angoisse ; il disparaissait presque tout entier sous une admirable draperie en damas écarlate. Je l'interrogeai ; avec un soupir profond, il me répondit : — « Ah ! je suis bien faible. — Êtes-vous blessé ? — Ah ! oui, je le crois bien, je suis blessé, et fortement encore ! — A quel endroit ? — Au pied ; ah ! mon pied est perdu ! je n'avais rien fait, pourquoi m'a-t-on mené à la guerre ? — Est-ce un coup de feu qui vous a blessé ? — Non, monsieur, c'est mon soulier ! » Je remis cet écloppé entre les mains des internes des hôpitaux qui, la serpillère blanche sur leurs vêtements, arrivaient suivis des infirmiers portant des brancards.

La cour du Palais-Royal était un brasier qui dévorait tout ce qu'on lançait par les fenêtres ; nous nous éloignâmes. En passant rue de Rivoli, devant la façade occidentale des Tuileries, nous eûmes à supporter la vue d'un spectacle révoltant. Toute la valetaille du château, debout dans le large chéneau qui précède les combles à lucarnes, déchirait ses livrées et les lançait dans le jardin ; nous tournâmes le dos avec dégoût.

Sur la place de la Concorde, un poste, qui était alors près de l'avenue Gabriel, flambait ; le matin, les municipaux qui l'occupaient y avaient été brûlés. A la caserne de cavalerie du quai d'Orsay, les cavaliers distribuaient leurs sabres, leurs carabines, leurs pistolets, leurs hachettes de campement, leurs munitions, aux gens du peuple, et s'en allaient, bras dessus, bras dessous, avec eux, en criant : « Vive la réforme ! » — Il n'était plus question de réforme, et le suffrage universel allait bientôt faire entendre ses premiers vagissements.

Nous étions exténués de fatigue et nous rentrâmes chez moi, où Louis Bouilhet nous attendait. Il avait été forcé de travailler à des barricades ; il s'était laissé choir un pavé sur le pied et il était revenu à notre quartier général. Après le dîner, Louis de Cormenin vint nous prendre pour aller à l'hôtel de ville, où il assurait que l'on allait proclamer la République; Flaubert, Louis et moi, nous partîmes donc de nouveau, laissant Bouilhet à demi boiteux, au coin de la cheminée. Les boulevards étaient couverts de monde; mais la foule était sans enthousiasme, et plus d'une figure nous parut singulièrement allongée. A certaines places, les candélabres avaient été brisés au ras du sol, et une gerbe de flammes, agitée par le vent, s'élançait de terre, au grand péril des promeneurs distraits.

Au coin de la rue Saint-Fiacre un groupe semblait écouter une lecture; nous approchâmes; je reconnus dans l'homme placé au centre du rassemblement un journaliste nommé Félix Colson, qui avait inutilement essayé de faire prospérer un médiocre recueil hebdomadaire intitulé l'*Unité;* à la clarté d'un bec de gaz qui n'avait pas été brisé, il lisait à haute voix des lettres qu'il avait « trouvées », le matin, au château des Tuileries, dans l'appartement du duc de Nemours. C'étaient de simples épanchements de famille et des détails sans importance ; un des auditeurs secoua gravement la tête et dit : « Ces lettres appartiennent désormais à l'histoire. »

Tant que nous fûmes sur les boulevards, la circulation nous fut facile, mais, dès que nous nous engageâmes dans la rue Saint-Denis, nous fûmes arrêtés : — « Halte-là ! on ne passe pas ! » Il est à remarquer, du reste, que toutes les révolutions se font à Paris au nom de la liberté, et qu'elles ont toujours pour résultat immédiat de donner, à tous ceux qui en veulent, une part d'autorité dont chacun abuse. A chaque barricade, — et elles étaient nombreuses, — il fallait parlementer ; le nom de son père, que Louis de Cormenin mettait en avant, sans trop de scrupule, nous servait de mot de passe, et nous obtenions de franchir les pavés, les tonneaux pleins de sable et les camions culbutés.

La place de l'Hôtel-de-Ville, où nous parvînmes enfin, nous parut immense, car nous nous étions attendus à la voir remplie par la foule, et elle était presque vide ; deux cents personnes à peine étaient réunies devant les grilles fermées. Toutes les fenêtres du palais municipal, où l'on nous préparait un gouvernement à huis clos, étaient éclairées ; on sentait confusément que derrière ces murailles obscures et ces vitres brillantes un grand mouvement s'agitait. En revanche, la place était très-calme. Quelques hommes gardant deux ou trois pièces de canon causaient entre eux sans aucune animation apparente.

Nous allions nous retirer, en présence de la nullité de ce spectacle, lorsqu'une porte, dominant un perron, s'ouvrit et livra passage à un homme à cheveux gras, vêtu d'un vieil habit noir, de mine à la fois souffreteuse et impudente, qui s'avança et leva la main pour réclamer le silence. J'étais en face de lui, appuyé contre la grille même. Comme il n'y avait pas tumulte sur la place, le silence fut vite obtenu. L'homme dit alors : « Au nom du peuple souverain ! » et il lut un décret ainsi formulé : « Le Gouvernement provisoire veut la République, sauf ratification par le

peuple, qui sera immédiatement consulté. »
Cinq ou six voix — pas plus — crièrent :
« Vive la République ! » Le monsieur s'inclina,
fit un nouveau geste de la main et proclama
le nom des nouveaux ministres; ces noms
tombaient au milieu des groupes sans exciter
aucune exclamation; on écoutait et l'on n'avait pas trop l'air de comprendre. Seul, le
nom du général Lamoricière, chargé du ministère de la guerre, souleva une objection.
Un grand garçon, vêtu d'un tricot blanc et
rouge, portant un fusil de munition sur l'épaule et qui était placé à côté de moi, s'écria :
— « Lamoricière, non ! il a fait tirer sur le
peuple ! » Le messager salua et se retira, en
disant qu'il allait porter aux membres du
Gouvernement provisoire les vœux exprimés
par la population réunie. Au bout de quelques
instants, il revint et annonça que le général
Subervic avait été substitué au général Lamoricière. Le grand jeune homme, qui représentait toute la souveraineté nationale, dit :
« A la bonne heure ! » Je levai la tête et je
regardai l'horloge; il était dix heures vingt

minutes. Nous venions d'entrer dans l'inconnu.

Paris avait joué à l'émeute et aboutissait à une révolution ; il avait acclamé la réforme et proclamait la République. La suffisance étourdie et la sotte rhétorique d'Odilon Barrot avaient mené le branle ; sous prétexte de consolider nos institutions, on les renversait, et, au lieu d'un changement de ministère, on obtenait l'effondrement du pouvoir. Les ambitieux vains, naïfs, ignorants et bavards comme Odilon Barrot, sont la plus dangereuse engeance que l'on puisse voir ; ils ressemblent à l'apprenti sorcier qui connaît le mot par lequel on ordonne au balai d'aller chercher de l'eau à la rivière, mais qui ignore celui par lequel on l'arrête : la maison est inondée, le village aussi et tout le monde est noyé.

La bannière du mouvement réformiste, comme l'on disait prétentieusement alors, portait pour devise : agitation pacifique, — union, — légalité, — réforme. — L'agitation pacifique devint la révolution de février ; — l'union fit parler d'elle pendant l'insurrection de juin ; — la légalité se manifesta à la journée du 15 mai ; — la réforme fut le suffrage universel. Éternelle histoire qui se reproduit sans cesse et ne corrige personne. Toute révolution dépasse son propre but et procède toujours de la même façon : les niais la commencent, les dupes s'y associent, les aventuriers la font réussir et les intrigants s'en emparent pour l'exploiter.

VI

LE LENDEMAIN DE LA VICTOIRE.

Stupeur de la population. — Louis-Philippe quitte la France. — Déception. — Un mot de Victor Cousin. — Curiosité. — « Égalité ou la mort. » — Efforts des sociétés secrètes. — Le drapeau rouge. — Division entre les vainqueurs. — Trois partis en présence. — Les républicains. — Les socialistes. — Les révolutionnaires. — Les Epiménides de la Terreur. — Les Capulets et les Montaigus. — Origine et motifs secrets de la création des ateliers nationaux. — Les montagnards de Caussidière. — Chaque groupe a son armée spéciale. — Propriété nationale. — Invalides civils. — Les députations. — Vocables nouveaux. — Les journaux. — Les chansons. — Les clubs. — Blanqui. — Un vaudevilliste. — La sueur du peuple. — Le club des femmes. — Invasion. — Les arbres de la liberté. — Les lampions.

La stupeur fut profonde dans la partie saine et laborieuse de la population parisienne, et bien des gens crurent que la garde nationale, revenue enfin d'une erreur inqualifiable, se réunirait spontanément à ce qui restait d'armée pour se porter au-devant de Louis-Philippe que l'on disait retiré aux environs de Paris. Il y eut une très-pénible déception, lorsque l'on sut que le roi avait réellement pris la fuite et qu'il cherchait à gagner l'Angleterre, où il n'arriva qu'après de cruelles péripéties. La Révolution était bien et dûment accomplie, au grand préjudice de ceux-là mêmes qui avaient si puérilement aidé à la faire. Le cas de force majeure s'accusait dans toute sa brutalité ; on fit contre fortune bon cœur ; on essaya de vivre avec l'ennemi, puisqu'on l'avait attiré, lorsqu'il eût été si facile et si sage de le repousser. La tâche n'était point aisée, et ceux mêmes qui voulaient faire « l'essai loyal » ne gardèrent pas longtemps leurs illusions.

Quant à ceux dont le coup de main de février ruinait la fortune politique, ils furent saisis d'un étonnement et d'un découragement sans nom. Le lendemain même de la Révolution, Victor Cousin rencontra Charles de Rémusat sur le quai Voltaire ; en apercevant l'ami de Duvergier de Hauranne et d'Odilon Barrot qui avait vivement encouragé la Réforme de derrière le paravent, le philosophe éclectique, que nul événement n'aurait dû troubler, leva les bras au ciel et s'écria : « Courons nous jeter aux pieds des évêques, eux seuls peuvent nous sauver aujourd'hui ! » Victor Cousin ne prévoyait pas alors que les loisirs forcés que la chute de Louis-Philippe et tout ce qui s'ensuivit allaient lui faire lui permettraient d'écrire, sous prétexte d'histoire, cette série de jolis romans sur la Fronde, où il trouva une seconde jeunesse.

Dès le 25 février, tout combat ayant cessé, la foule s'était répandue dans la ville pour voir les barricades, pour regarder les feux qui s'éteignaient faute d'aliment, dans la cour du Palais-Royal, pour examiner les rares endroits où la lutte avait offert quelque vivacité.

Les barricades qui oblitéraient l'entrée des faubourgs sur les boulevards étaient vraiment formidables. Ayant figure de bastion, élevées jusqu'au premier étage des maisons contre lesquelles elles s'appuyaient, munies de chemins couverts et de places d'armes, elles semblaient de force à défier l'assaut et le canon. Nul ne songeait, du reste, à les attaquer ; tous les éléments de résistance étaient dispersés et désagrégés. Sur la haute forteresse improvisée qui défendait les approches du faubourg Saint-Martin, deux hommes armés gardaient un drapeau rouge sur lequel j'ai pu lire, écrite en lettres noires, la sinistre devise : « Égalité ou la mort ! »

Ces farouches maximes paraissaient si loin de nos mœurs, que je crus à un de ces actes isolés de folie violente comme toute révolution en produit naturellement ; je me trompais. Un effort du comité des anciennes sociétés secrètes tentait de peser sur l'opinion publique, au lendemain même de ce que l'on nommait « la victoire du peuple, » pour substituer le drapeau rouge au drapeau tricolore et faire verser la république dans l'ornière — dans l'abîme — des utopies socialistes. Sur le quai, sur la place de l'Hôtel-de-Ville, dans tout le réseau de petites rues qui s'embrouillait alors entre la rue Saint-Antoine et la rue Saint-Denis, au coin de chaque barricade, que l'on ne pouvait, forcément, franchir qu'avec lenteur, des hommes offraient des rubans et des cocardes rouges pour la boutonnière et le chapeau.

A une barricade qui traversait la rue Saint-Antoine, vers la place Birague, à côté du collége Charlemagne, dont la longue ruelle d'entrée pouvait servir de refuge et d'abri, j'assistai à une altercation entre les distributeurs de rosettes rouges et un bourgeois têtu, qui refusait absolument de s'en décorer ; on échangea des injures, quelques horions, et là, pour la première fois, j'entendis le cri : « Vive la république démocratique et sociale ! » cri qui excita quelque étonnement, car on ne comprit pas alors la portée que l'on essaya de lui donner plus tard.

C'est ainsi, c'est par ces manœuvres trop comminatoires pour que l'on en fût dupe, que les meneurs de la faction extrême préludaient à l'injonction faite au gouvernement provisoire d'adopter le drapeau rouge comme drapeau national de la France. On sait jusqu'où s'éleva, en cette circonstance, l'héroïsme éloquent de Lamartine, et comment, grâce à lui, notre histoire put échapper à cette souillure[1].

Il ne fallut pas longtemps pour comprendre que les vainqueurs, fort embarrassés de leur victoire, étaient divisés entre eux, oscillaient dans leurs résolutions, n'avaient point de plan de conduite arrêté d'avance et se disputaient un pouvoir dont ils ne savaient rien tirer de bon. Par le fait même de la révolution, ils avaient soulevé de redoutables problèmes qu'ils étaient incapables de résoudre.

Trois partis se trouvaient en présence : — les républicains conservateurs, en majorité dans le gouvernement provisoire, où l'on rencontrait plus d'un homme politique dont le rêve, dans la matinée du 24 février, n'avait pas dépassé l'illégale régence de la duchesse d'Orléans; — les socialistes, que l'on confon-

---

1. Dans la matinée du 25 février on avait placardé sur les murs une proclamation de Blanqui; on y lisait : « Le peuple a arboré la couleur rouge sur les barricades de 1848; qu'on ne cherche pas à la flétrir. Elle n'est rouge que du sang généreux versé par le peuple et la garde nationale. Elle flotte étincelante sur Paris; elle doit être maintenue. Le peuple victorieux n'amènera pas son pavillon. »

dait tous alors sous la fausse dénomination de communistes, et qui, relégués loin de l'Hôtel-de-Ville, au palais du Luxembourg, avaient été dérisoirement chargés de déterminer la loi de « l'organisation du travail; » — enfin les anciens chefs de sociétés secrètes, révolutionnaires par tempérament et par paresse, qui, aux premières heures de la défaite du gouvernement régulier, s'étaient emparés de la préfecture de police, où Caussidière et Sobrier régnaient en maîtres.

Au-dessus et en dehors de ces trois groupes d'adversaires qui s'étaient saisis, par ambition, des destinées du pays, les hommes d'autrefois, demandant leur inspiration aux plus exécrables doctrines des Marat, des Fouquier-Tinville, des Billaud-Varennes, les fanatiques du jacobinisme et de l'hébertisme, Blanqui, Raspail, Barbès, traînant à leur suite tous les déclassés ignorants et envieux, vaticinaient dans les clubs, agitaient la population pour tenir en échec les fractions d'un gouvernement qui ne gouvernait pas et tremblait devant ces Épiménides de la Terreur.

Les Parisiens n'étaient point rassurés, mais leurs maîtres ne l'étaient point davantage. A cette époque on disait : l'Hôtel-de-Ville et le Luxembourg, comme Shakespeare avait dit : les Capulets et les Montaigus. Mutuellement, on se haïssait et on s'espionnait. Les délégués des corporations ouvrières, réunis au Luxembourg pour condenser en corps de doctrine les rêveries flottantes d'un socialisme mystique, inquiétaient, outre mesure, les membres du gouvernement campé à l'Hôtel-de-Ville ; dans ces contre-maîtres, dans ces artisans abordant des questions qu'ils ne pouvaient ni formuler ni résoudre, ils virent une armée prête à les renverser ; pour se défendre et vaincre au besoin, ils voulurent avoir, eux aussi, un groupe de combattants sous la main, et ils créèrent les ateliers nationaux.

De son côté, Caussidière, personnage à la fois vulgaire et madré, sous prétexte de protéger la préfecture de police contre des tentatives réactionnaires, avait groupé près de lui un corps de troupes assez nombreux, choisi avec discernement parmi les débris des sociétés secrètes, des émeutes, des révoltes de toute sorte, et s'en était composé une garde particulière dont il comptait bien se servir pour défendre sa situation personnelle, si jamais elle était menacée. La population ne s'y trompait pas; elle appelait ces volontaires bien soldés, bien nourris, mieux abreuvés, les montagnards de Caussidière.

Chacun des partis qui divisaient le gouvernement avait donc, pour ainsi dire, son armée spéciale, son corps d'élite sur lequel il espérait pouvoir s'appuyer et que l'on opposait les uns aux autres. Précaution vaine et grosse de périls. Les délégués du Luxembourg, les ateliers nationaux, les montagnards, n'eurent à défendre ni Louis Blanc, ni le gouvernement provisoire, ni Caussidière. Ces frères ennemis se réconcilièrent d'instinct lorsqu'il s'agit d'attaquer l'ordre social tout entier, et nulle divergence d'opinions ne les séparait plus derrière les barricades de l'insurrection de Juin.

Sur les murs de tous les monuments publics apparaissait la devise menteuse : *Liberté, égalité, fraternité*, suivie des mots sacramentels :

Propriété nationale, qui prouvaient que l'on n'avait pas une confiance illimitée dans la modération du peuple. On ne sauva le palais des Tuileries qu'en le consacrant aux *Invalides civils;* ça valait mieux que de le brûler, idée qui fermentait déjà dans l'obtuse cervelle de certains vainqueurs, et que l'on neutralisa par cette mesure. Les invalides civils qui prirent possession de la demeure royale furent une bande d'ivrognes et de filles, pour ne dire plus, que l'on fut bientôt obligé d'expulser par la force.

Chaque jour, le gouvernement provisoire recevait la visite de quelques bandes d'hommes qui, sous prétexte de porter « leur offrande à la patrie », se promenaient dans les rues, agitant des drapeaux et braillant à tue-tête la *Marseillaise,* le *Chant du Départ* et l'air des *Girondins,* si triste qu'il ressemblait au *De profundis* de la république. Nul ne manquait à ces actes de désœuvrement, ni les graveurs, ni les peintres d'armoiries, qui se plaignaient que le décret supprimant les titres de noblesse les mettait sur la paille; ni les Auvergnats, qui demandaient fraternellement l'expulsion des

Savoyards; ni les collégiens, qui pétitionnaient pour ne plus apprendre le grec et qui obtinrent seulement que le képi et la tunique fussent substitués au chapeau rond et au frac d'invalide qui, jusqu'alors, les avaient enlaidis ; les Polonais gravirent en députation l'escalier de l'Hôtel-de-Ville, les Magyars aussi, et les Italiens, et les Irlandais, et les Maronites ; pour guider toutes ces nations, il manquait Anacharsis Clootz, l'orateur du genre humain.

Chaque députation faisait sa petite harangue et espérait une réponse de Lamartine ; il était alors le ténor révolutionnaire à la mode, et chacun voulait l'entendre ; mais, le plus souvent, et une fois les grands périls passés que recherchait son courage, il faisait « donner » une de ses doublures : le volumineux Pagnerre aux cheveux abondants, ou le fluet Garnier-Pagès à la chevelure éplorée, qui, à quelque heure qu'on le prît, sur quelque sujet qu'on l'interpellât, avait toujours un vieux fonds de discours à dégorger.

De nouveaux vocables avaient apparu tout à coup comme pour répondre à un nouvel état de choses ; une sorte d'argot venu d'en bas s'était glissé jusque chez les gens de beau langage : on était *démoc-soc,* ou *réac,* ou *aristo.* Le costume même se démocratisa, la révolution eut cela de bon qu'elle le délivra : de cette époque, en effet, datent la suppression du sous-pied, qui était un instrument de torture, et la substitution du veston à la redingote. Des caricatures immondes s'étalaient aux vitres des marchands de lithographies, une nuée de journaux — et lesquels ! la *Canaille,* le *Père Duchêne,* le *Lampion* — s'abattaient chaque soir sur les boulevards, où les crieurs annonçaient les nouvelles les plus invraisemblables ; j'ai entendu crier : « Le mariage de la duchesse d'Orléans et d'Abd-el-Kader ! » Plus d'un niais s'y laissa prendre et acheta de confiance. Les orgues de Barbarie rivalisaient d'ardeur pour moudre à tour de bras des airs patriotiques ; une forte fille blonde obtint quelque succès en chantant une grosse romance de circonstance dont le refrain était :

> C'est moi qu'on nomme avec orgueil
> Charlotte la républicaine ;

> Je suis la rose plébéienne
> Du quartier Montorgueil !

Ce fut la belle époque des clubs — *cloubs* — quelques malins disaient : *clioubs*. — On se disputait sur la manière de prononcer le mot, et l'on en tirait des conséquences sur les opinions politiques : club était démoc-soc ; cloub était réac ; cleub n'était pas compris. On n'était point difficile sur le local, on prenait ce que l'on trouvait : boutique à louer, atelier de carrossier, église déserte comme l'Assomption, salon du Palais-Royal. Blanqui s'était emparé de la salle du Conservatoire et y présidait, chaque soir, une réunion où l'on disait vertement son fait à la bourgeoisie. Aux symphonies de Spohr, de Beethoven, de Mosart, de Weber, avaient succédé des déclamations d'énergumènes et des vociférations avinées. Blanqui, impassible, toujours en gants noirs, écoutait ces inepties violentes avec la grimace heureuse d'un chat qui boit du lait ; parfois, de sa voix de vipère, il sifflait une excitation à ses acolytes, qui semblaient vomir les vieilles diatribes de Marat, dont ils s'étaient gargarisés.

Un soir que l'on venait de démontrer, pour la centième fois peut-être, que la bourgeoisie se nourit exclusivement de la sueur du peuple, un jeune homme, devenu depuis légitimement célèbre par des pièces de théâtre éblouissantes d'esprit, demanda la parole, l'obtint, monta à la tribune et dit : « Citoyens, j'appartiens, par le hasard de ma naissance, dont je suis innocent, à cette caste honnie que l'on ne saurait trop maudire. Je pense cependant qu'il y a une certaine exagération à croire qu'elle boit par prédilection et avec plaisir la sueur de nos frères du prolétariat. Permettez-moi de vous citer un exemple personnel qui rectifiera, j'espère, votre opinion; car, si vous aimez la justice, ô citoyens! vous ne chérissez pas moins la vérité. J'habite un appartement situé au quatrième étage, et dernièrement je fis venir du bois. Le vertueux citoyen qui, moyennant salaire débattu, daigna gravir mon escalier pour apporter les bûches jusque chez moi, avait très-chaud et la sueur inondait ses traits animés d'une résolution virile; tranchons le mot, il était en nage. Eh bien! j'en ai goûté, et je dois avouer que c'est d'un goût détestable. »

La plaisanterie fut mal comprise et peu s'en fallut qu'elle ne tournât désagréablement pour son auteur. Sans un peintre d'histoire aujourd'hui fort connu, garçon remarquablement vigoureux et énergique, qui réussit à protéger ce jeune réactionnaire, à le soustraire aux mauvais traitements et à le faire sortir à peu près sain et sauf, il est probable que bien des comédies charmantes, que nous avons tous applaudies, n'auraient jamais existé.

Les choses ne prenaient pas toujours une tournure aussi grave. Les femmes avaient établi un club dans les caves des galeries Bonne-Nouvelle. Là, ce n'était point la bourgeoisie que l'on vitupérait : c'était l'homme, le mari, le maître, le tyran! les plus timides réclamaient le divorce, les plus hardies préconisaient le mariage à l'essai ; quant aux enfants, on les abandonnait généreusement à leurs pères ; ce pluriel n'a rien d'excessif ; j'en ai entendu bien d'autres dans cet endroit-là. Quelques gardes nationaux facétieux, guidés par un ancien éditeur de musique qui aimait « le petit mot pour rire », tombèrent, un soir, inopinément dans le conciliabule, au moment où une *oratrice* répétait les paroles aimables par lesquelles M. Crémieux avait accueilli une députation chargée d'exiger le divorce immédiat et « sans phrase. » Ces barbares — je parle des gardes nationaux — furent sans pitié ; rien ne les désarma, pas même une carafe d'eau que la présidente leur jeta virilement à la tête. Les infortunées furent saisies, entraînées dans un couloir peu éclairé et fouettées. Le club des femmes avait vécu.

On parlait dans les clubs, on chantait dans les rues, on « manifestait » à l'Hôtel-de-Ville, mais ce n'était point assez, et, pour affirmer l'ère nouvelle dans laquelle on venait d'entrer, on se mit à planter des arbres de liberté. Ce fut une rage : chaque carrefour, chaque place, chaque cour d'établissement public eut le sien. On faisait un trou en terre et puis on apportait un peuplier; on le plantait, et l'on chantait l'air des *Girondins ;* des hommes armés, appartenant généralement à un autre quartier, entouraient ce jeune emblème de la jeune République; lorsque les racines étaient recouvertes, que la tige droite semblait assez affermie pour résister au vent, on allait à l'église voisine et l'on en ramenait un prêtre en surplis accompagné d'enfants de chœur qui soutenaient le vase argenté et le goupillon. Tous les arbres de la liberté plantés à Paris pendant les mois de mars et d'avril, tous — et ils furent nombreux, — ont reçu la bénédiction du clergé, bénédiction qui ne leur a point porté bonheur, car aucun d'eux n'a survécu.

Lorsque cette cérémonie puérile était terminée, les hommes faisaient une collecte parmi les assistants, montaient dans les maisons, heurtant les portes de la crosse de leur fusil, et exigeaient impérieusement de l'argent « pour arroser l'arbre de la Liberté ». Ce spectacle était révoltant et se renouvela avec une telle fréquence et de si regrettables brutalités, que le gouvernement provisoire en délibéra, mais n'osa prendre aucune résolution. Dès que la nuit était venue, des bandes de gamins parcouraient les rues du quartier où l'arbre avait été placé, en criant, sur l'air du rappel : « Des lampions ! des lampions ! » Tout le monde se hâtait d'illuminer. Cinq minutes après, la même bande reparaissait en chantant : « Pas de lampions ! pas de lampions ! » On éteignait. J'ai vu la même rue éteinte et rallumée huit fois en une heure. Je n'ai pas besoin de dire que les épiciers soldaient ces « manifestations », qui leur faisaient écouler leur stock de vieux lampions.

En présence de cette effervescence continuelle, des ateliers réguliers fermés, des ateliers nationaux recevant chaque jour le contingent des inoccupés de la province ; en présence des motions extravagantes qui se produisaient dans les clubs, de la désunion du pouvoir, de l'hostilité croissante qui divisait les partis, la garde nationale comprit qu'elle ne pouvait plus compter que sur elle-même, que le salut du pays était en elle, qu'elle devait réparer à force d'abnégation les sottises qu'elle avait aidé à faire, et elle mit au service de la civilisation un dévouement que rien ne put lasser.

VII

LES AVANT-COUREURS DU 15 MAI.

La belle troisième du second de la première. — Le service de la garde nationale. — Les montagnards du ministère des affaires étrangères. — Notre compagnie les remplace. — Entente cordiale. — Cinq francs par faction. — Décret de Ledru-Rollin. — La manifestation des bonnets à poil. — Elle avorte. — Les prétendus prolétaires. — Le général Courtais. — Contre-manifestation du 17 mars. — On se prépare au combat. — Les professions de foi. — La journée du 16 avril. — Le premier rappel. — Notre bataillon. — Absence de nouvelles. — Arrivée de Lamartine. — Ce qu'on avait tenté de faire. — Le Luxembourg et l'Hôtel de ville. — Les engagements de Ledru-Rollin. — Le projet des conspirateurs. — Intervention fortuite du général Changarnier. — Déconvenue des conspirateurs. — Ouverture de l'Assemblée nationale.

Dès le 26 février, je m'étais fait inscrire sur les rôles de la garde nationale; grâce à l'indifférence qui régnait à cet égard pendant les dernières années du gouvernement de Louis-Philippe, et grâce surtout à de longues absences motivées par mes premiers voyages en Orient, j'avais jusqu'alors échappé à ce genre de corvées ; mais en prévision des périls qu'il était sage de redouter, je n'hésitai pas et j'entrai dans la troisième compagnie du second bataillon de la première légion, compagnie bien composée, peu révolutionnaire, et que l'on nommait, en plaisantant : la belle troisième du second de la première.

Une lourde tâche incombait à la garde nationale ; il n'y avait plus à Paris ni armée, ni garde urbaine, ni police ; nous étions donc à la fois soldats, gardes municipaux et sergents de ville ; le service était dur, fréquent ; je m'y soumis sans peine et avec une ponctuelle régularité. Je connus la fatigue des lentes patrouilles faites à travers la ville, la mélancolie des nuits passées au poste, l'ennui énervant des longues factions. Sous ce dernier rapport, nous n'étions pas trop à plaindre, le hasard était venu à notre secours et nous avait envoyé l'aide de quelques « montagnards » dont la férocité se changea promptement en mansuétude au bruit réactionnaire de nos porte-monnaie.

Le 24 février, une trentaine d'émeutiers armés s'étaient emparés du ministère des affaires étrangères, s'y étaient installés comme chez eux et s'en étaient déclarés les gardiens inamovibles. On les supportait, faute d'oser les renvoyer; on leur distribuait des rations quotidiennes et une petite solde. En retour, ils faisaient faction à la porte et présentaient fort proprement les armes lorsqu'ils voyaient passer M. de Lamartine. Cet état de choses offrait plus d'un inconvénient; le ministère des relations extérieures ressemblait à une succursale de la préfecture de police, où Caussidière, qui s'était rapidement débarrassé de son ami Sobrier, trônait seul au milieu de ses montagnards.

On voulut substituer à ces soldats de rencontre peu vêtus une troupe régulière et légalement chargée de maintenir l'ordre public. Un peloton de notre compagnie fut désigné, dans les premiers jours de mars, pour aller au ministère des affaires étrangères, relever le poste des montagnards. Nous arrivâmes, un matin, très-résolus à forcer l'entrée, si elle nous était refusée. Il n'en fut pas besoin; la manie de jouer au soldat qui tourmente naturellement toute cervelle française arrangea les choses pour le mieux. Nous battîmes aux champs en pénétrant dans la cour; la compagnie de montagnards se rangea militairement et porta les armes; nous plaçâmes nos sentinelles, nous entrâmes dans le poste et il n'en fut que cela. On ne fut pas long à fraterniser; et comme on ne parla point politique, nous fûmes tous du même avis. Un à un les montagnards s'en allèrent en nous saluant d'un : « Bonjour, citoyens ! » Trois seulement restèrent, tournant autour de nous, se grattant l'oreille et regardant du coin de l'œil les cigares que nous fumions. L'un d'eux, plus hardi que les autres, dit : « Je suis du quartier et je voudrais bien entrer dans votre compagnie. »

La proposition fut immédiatement acceptée, et il fut convenu que les trois montagnards feraient partie de la belle troisième. Ce fut notre salut. On les équipa, et, de ce jour, ils ne nous quittèrent plus; dès qu'un détachement de la compagnie était de service, on les voyait arriver; ils montaient la garde à notre place, à cinq francs par faction; je les ai vus parfois rester douze heures sans broncher sous les armes; ils ne s'en plaignaient pas et retournaient chez eux la poche bien garnie. L'un d'eux, un grand diable dégingandé et fort bon homme malgré son aspect farouche, se battit vaillamment à nos côtés pendant l'insurrection de Juin et reçut, en pleine poitrine, une grave blessure; il est mort au service du Jockey-Club auquel le comte F. de L.... l'avait fait attacher en qualité d'aboyeur.

Pendant quelque temps, nous pûmes croire que nous n'avions guère à nous occuper que de la police de la ville, lorsqu'un incident vint clairement nous révéler que notre mission deviendrait bientôt un peu plus scabreuse. Le petit-fils du prestidigitateur Cômus, M. Ledru-Rollin, ministre de l'intérieur, avait rendu une ordonnance qui reculait l'époque de l'élection des officiers de la garde nationale, prescrivait à celle-ci de verser dans les compagnies ordinaires les compagnies d'élite composées de grenadiers et de voltigeurs, et réservait à une commission nommée par lui le droit de reviser le choix de nos futurs officiers. Cela causa un grand émoi parmi certaines légions de la garde nationale, et l'on prit le mauvais parti de faire une manifestation. Les dissidences de l'Hôtel de ville n'étaient plus un mystère pour personne et les journaux n'éprouvaient aucun scrupule à mettre le public dans la confidence du conflit. Pour nous, M. Ledru-Rollin, qui avait dit qu'il voulait établir « la terreur sans la guillotine », était le représentant d'une politique violemment autoritaire que l'influence seule de M. de Lamartine tenait en respect. C'est donc à ce dernier que les députations, fort nombreuses, de la garde nationale comptaient s'adresser pour faire rapporter une décision que l'on jugeait blessante.

Ce fut le 16 mars que nous fîmes cette belle équipée qui gardera dans l'histoire le nom qu'on lui infligea immédiatement : la *manifestation des bonnets à poil*. J'en fis partie, je ne sais trop pourquoi, car je n'étais qu'un simple fusilier, n'ayant nul droit aux honneurs du bonnet d'ours ou du pompon jaune. Notre légion, sans armes, se réunit place de la Madeleine sous la conduite de ses officiers, et par les quais prit route vers l'Hôtel de ville. A la hauteur du pont au Change, notre colonne fit halte pour ne point se heurter contre une foule hurlante et agitée qui barrait le passage.

On a dit que ce furent des ouvriers qui nous arrêtèrent; non pas; j'étais aux premiers rangs et j'ai bien regardé. Parmi les trois ou quatre cents individus qui interceptaient le quai, comme une barricade vivante, je n'ai pas compté vingt blouses, qu'à cette époque le prolétariat se faisait honneur de porter; mais, en revanche, on pouvait voir ces redingotes râpées, si hermétiquement closes qu'elles font penser au linge absent, ces habits noirs aux manches luisantes, ces souliers éculés, ces pantalons frangés, ces chapeaux chauves et rougissant d'eux-mêmes, que portent les enfants déclassés de la bourgeoisie, lorsqu'au travail fécond et calmant ils ont préféré les décevantes discussions politiques des estaminets. Ceux-là, on les connaît, et toute révolution les a vus soulevant, affolant, guidant l'ouvrier qui, sans eux, resterait sagement à son labeur.

A leur tête, suivi de son état-major, à cheval, M. de Courtais, général commandant la garde nationale, nous sommait de ne pas aller plus loin, lorsque déjà nous étions arrêtés. Il nous dit des choses peu aimables, nous appela mauvais citoyens et nous traita de contre-révolutionnaires. Il n'avait peut-être pas tort. Quelques gardes nationaux, mauvaises têtes, lui répondirent fort vertement. On échangea beaucoup de paroles inutiles ; un chef de bataillon qui nous dirigeait cria, avec beaucoup d'opportunité, un ordre auquel nous obéîmes, et nous regagnâmes notre quartier. Nous étions fort penauds et très-humiliés : tout le monde pouvait donc faire des manifestations, excepté la garde nationale? Les plus irrités parlaient de s'armer et de marcher contre l'Hôtel de ville, pour jeter le Gouvernement provisoire par les fenêtres; les plus sages firent comme moi, ils rentrèrent simplement chez eux.

Le lendemain nous réservait une surprise et un avertissement que nous n'avions pas prévus. Les délégués du Luxembourg, les ateliers nationaux, les corporations d'ouvriers, le personnel des clubs socialistes, se rassemblèrent, et avec un calme impassible que rien ne troubla, qui était le résultat d'un mot d'ordre écouté, défilèrent place de l'Hôtel-de-Ville, en demandant le licenciement immédiat de la garde nationale.

Deux cent mille individus au moins, marchant par escouades de soixante hommes sur trois rangs, parcoururent les quais et les boulevards, s'arrêtant parfois pour crier : « Vive la République démocratique et sociale ! » et nous montrèrent, par un orgueilleux défi, l'armée qui se porterait en face de nous, lorsque l'heure inéluctable des revendications aurait sonné. Paris, ce jour-là, fut consterné et plia les épaules sous le poids des malheurs qu'il pressentait. Chacun crut la bataille imminente et prit ses dispositions en conséquence. On fit des cartouches, on acheta des capsules de guerre et l'on se tint prêt à tout événement. Ce ne fut qu'une alerte, mais elle eut cela de bon qu'elle nous mit en haleine ; quand vint la bataille, nous étions prêts à la recevoir.

Le trouble des esprits s'apaisa peu à peu et la ville rentra dans le calme morne qui semblait être son état normal, lorsqu'elle n'était pas violemment agitée. On s'occupait des élections prochaines ; on lisait avec curiosité des listes de noms, inconnus pour la plupart, qui n'éveillaient aucun souvenir et ne suscitaient aucune espérance. Tous les candidats faisaient effort pour se rattacher, par un lien quelconque, aux classes ouvrières ; le suffrage universel, qui allait fonctionner pour la première fois, semblait devoir s'adresser de préférence aux hommes de l'outil et de la charrue ; on le croyait du moins, et de cette erreur naquirent, pour certains ambitieux, des qualifications que, six mois auparavant, ils auraient répudiées avec hauteur. Un conseiller référendaire à la Cour des comptes s'intitulait impudemment « ouvrier », et un ingénieur signait sa profession de foi : « X..., scieur de long » ; des artistes médiocres expliquaient au public incrédule que leurs statues symbolisaient les souffrances du prolétariat, et tous les dieux de l'Olympe moderne promettaient la félicité éternelle *urbi et orbi*, s'ils étaient élus. On riait de ces déclamations emphatiques et intéressées ; mais, en somme, on était fort perplexes, et l'on ne savait comment voter raisonnablement, dans un scrutin de liste qui proposait des candidats absloument inconnus.

Sur ces entrefaites, un dimanche, le 16 avril, le rappel fut battu dans tous les quartiers de Paris. On s'équipa en hâte, on courut au lieu de réunion des compagnies ; tout le monde était sur le pas des portes ; les bonnes femmes regardaient par les fenêtres prudemment entr'ouvertes. Depuis la révolution de Février, c'était la première fois que l'on convoquait officiellement et militairement la totalité de la garde nationale. Qu'y a t-il donc ?

chacun le demandait et nul ne pouvait répondre.

Notre bataillon se mit en marche, se rendit à la mairie de la rue d'Anjou — c'était alors la mairie du premier arrondissement — y prit des cartouches et alla s'installer au ministère des affaires étrangères ; on plaça des vedettes dans les rues voisines, une grand'garde sur le boulevard, et l'on attendit. De temps en temps on envoyait un homme prendre des informations et chercher des nouvelles. Il revenait : Toute la garde nationale est sur pied ; les légions se dirigent par les rues et par les quais vers l'Hôtel de ville. C'était donc là le point spécial qu'il fallait protéger ; nous nous en doutions bien, mais nous ne savions rien de positif et nous en étions réduits à des conjectures qui ne contentaient personne, pas même ceux qui les faisaient.

Vers cinq heures du soir, Lamartine rentra au ministère, suivi de Jules Bastide, qui était alors sous-secrétaire d'État ou secrétaire général aux relations extérieures. Nous les entourâmes aussitôt, et chacun se mit à crier :

« Qu'est-ce qu'il y a ? qu'est-ce qu'il y a ? »
Lamartine ne répondit pas ; il nous fit un discours pour nous dire que jamais la République n'avait été exposée à un semblable péril, mais que nous l'avions sauvée par notre admirable attitude. L'éloge passait par-dessus nos têtes, car notre « admirable attitude » avait consisté à nous promener dans la cour du ministère, à fumer et à faire faire nos factions par nos trois amis, les anciens montagnards. Ce qui s'était passé, on l'a su depuis, et c'était, en réalité, fort grave.

Profitant d'une réunion des clubs révolutionnaires de Paris convoqués au Champ de Mars, sous prétexte d'élire les officiers de l'état-major de la garde nationale, on devait, selon le langage du temps, substituer le Luxembourg à l'Hôtel de ville, et proclamer la République démocratique et sociale à la place de la république conservatrice. Les hommes de la préfecture de police étaient acquis au mouvement ; on comptait sur les ateliers nationaux, sur la garde mobile et sur les principaux clubs.

On ne redoutait rien de la garde nationale, très-blessée depuis le 16 mars, et qui, hiérarchiquement, dépendait du ministère de l'intérieur. Or, la veille, 15 avril, dans un conciliabule secret tenu au palais du Luxembourg, dans la chambre d'Albert, qui gardait le lit par suite d'une entorse, Ledru-Rollin avait pris l'engagement formel de ne laisser battre le rappel sous aucun prétexte. On avait dit là, entre compères, ces phrases toutes faites dont on nous saluait alors : « La réaction relève la tête, la confiance ne renaît pas ; il faut républicaniser le pays ; les peuples ont les yeux sur nous et n'attendent qu'un signal parti de Paris pour proclamer la République universelle. » On se payait de sophismes et l'on disait : « Nous sommes en révolution, donc toute révolution est légitime ; le jour où l'Assemblée nationale sera réunie, il existera de fait un pouvoir légal que nous devrons subir ou que nous aurons grand'peine à renverser. » On était résolu à s'emparer de l'Hôtel de ville, à mettre à Vincennes les membres réactionnaires du Gouvernement provisoire, Lamartine,

Arago, Dupont de l'Eure et autres, et à les remplacer par des hommes énergiques qui « imprimeraient aux événements une marche en rapport avec les progrès de l'esprit humain ». Le plan de ce guet-apens était bien conçu, et il eût réussi infailliblement si l'on n'eût pas battu le rappel; mais le rappel fut battu, toute la garde nationale se leva, et ces fabricants de conspirations de palais en furent pour leur courte honte.

Un hasard avait amené le général Changarnier à Paris; il releva le courage fort ébranlé de Lamartine, força celui-ci à aller mettre Ledru-Rollin en demeure de se jeter dans l'émeute avec le Luxembourg ou de se rallier à ce que l'on avait de légalité avec l'Hôtel de ville. Ledru-Rollin, lié par ses récentes promesses, hésita longtemps; mais vaincu par l'éloquence et le patriotisme de Lamartine, il signa l'ordre qui appelait les légions sous les armes; Changarnier s'en empara, le fit exécuter, dirigea lui-même les différents mouvements stratégiques destinés à sauvegarder le siége du Gouvernement et, ce jour-là, sauva Paris, sauva la France d'une conflagration qui eût pu avoir des suites irréparables. Lorsque les bandes réunies au Champ de Mars arrivèrent aux environs de l'Hôtel de ville, elles trouvèrent les abords gardés par cinquante mille baïonnettes. Les chefs qui les guidaient comprirent que la partie était perdue; ils firent volte-face en criant à la trahison, et l'insurrection se dispersa sans avoir même essayé de tirer un coup de fusil.

Le mouvement avorté du 16 avril fut la seule alerte sérieuse dont on eut à s'inquiéter avant la réunion de l'Assemblée nationale qui tint sa première séance le 4 mai. Ce jour-là, j'étais de service sur le pont de la Concorde; je vis défiler le gouvernement provisoire précédé de Dupont de l'Eure, affaibli, courbé par l'âge et au-dessus duquel on tenait une ombrelle. Caussidière, en chapeau pointu et en gilet à la Robespierre, montrait sa large carrure et semblait quêter des applaudissements qu'il n'obtenait pas; Lamartine, comme un souverain, saluait à droite et à gauche; M. Crémieux souriait avec la grâce de Glocoster, et Garnier-Pagès s'agitait dans son faux-col. Il y avait une heure ou deux que ce défilé s'était évanoui dans les profondeurs du Corps législatif, lorsque l'on battit aux champs et que l'on nous fit présenter les armes pendant que nos drapeaux s'inclinaient : toute l'Assemblée, massée sous le péristyle et sur l'escalier du palais, remuait les bras et criait : « Vive la République ! » c'était sa façon de proclamer la forme définitive du gouvernement. Nous possédions un pouvoir légal représenté par une assemblée souveraine, nous étions donc en droit d'espérer que nous en avions fini avec les émeutes et les insurrections : — elles allaient commencer.

VIII

LA JOURNÉE DU 15 MAI.

Prévision. — Les vaincus du scrutin. — Raspail et Blanqui. — La *Revue rétrospective*. — Délations de Blanqui. — Le ministère du progrès. — La Pologne. — Répétition générale. — Modération du peuple. — La commission exécutive. — Nulle mesure de résistance n'est adoptée. — Interpellation fixée au 15 mai. — Topographie du Corps législatif. — La garde nationale n'est pas convoquée. — Avertissement à domicile. — La veillée. — Rendez-vous à la mairie. — Indécision. — En marche. — La manifestation nous a devancés. — Par file à droite. — Sur l'esplanade des Invalides. — Nous apprenons l'envahissement de l'Assemblée. — Le colonel Victor de Tracy. — Les gardes mobiles. — A bas les aristos! — Le duc de Luynes. — Nous pénétrons dans le Corps législatif.

Le lendemain du jour où l'Assemblée nationale avait tenu ses premières assises, j'allai voir un de mes oncles, homme d'une extrême énergie, qui joignait à une bravoure héroïque une prudence et une sagacité de Peau-Rouge. Je le trouvai occupé à remplacer la poudre grossière de ses cartouches par de la poudre anglaise, à la fois très-fine et très-forte. A l'expression de ma surprise, il répondit : « Malgré tous les efforts des commissaires envoyés en province par Ledru-Rollin, et quoique l'Assemblée ait, hier, acclamé dix-sept fois de suite la république, la majorité des représentants est réactionnaire, comme l'on dit aujourd'hui; cela n'accommodera pas les républicains rouges, qui tenteront certainement un petit 18 brumaire à leur façon ; or, coûte que coûte, il faut défendre l'Assemblée qui est notre salut. Je m'attends à une bataille prochaine; je m'y prépare, et je t'engage à en faire autant. » Mon oncle avait vu juste et l'événement ne tarda pas à lui donner raison.

Quelques hommes, anciens chefs de sociétés secrètes et directeurs d'émeutes, croyaient très-sincèrement que la détention qu'ils avaient subie en vertu de condamnations méritées constituait une sorte de titre légal au pouvoir

et que c'était faire acte d'injustice à leur égard
de ne point les y appeler. Ces mécontents
étaient nombreux, inconnus pour la plupart,
et s'agitaient dans les clubs où leurs doléances prenaient volontiers la forme de diatribes
furieuses.

Deux hommes, vaincus au scrutin des élections générales, et que tout aliéniste sérieux
range dans la catégorie des monomanes incurables, Raspail et Blanqui, se faisaient remarquer par leur violence. Selon eux, le
prolétariat était trahi, le peuple était trahi, la
France était trahie, tout était trahi, car ils
n'étaient ni dictateurs, ni ministres, ni même
représentants. La situation de l'un d'eux, de
Blanqui, n'était point nette. Le premier numéro de la *Revue rétrospective*, publiée par
M. Taschereau, contenait un document qui en
disait long sur la moralité du parti conspirateur. Blanqui, ce révolutionnaire immaculé
en qui la pure doctrine du jacobinisme semblait s'être incarnée, cette victime de la tyrannie, ce saint de la carmagnole et du bonnet
rouge, pour obtenir son transférement du

Mont-Saint-Michel à Tours et quelques améliorations à son sort, n'avait point hésité à faire de fort compromettantes révélations sur ses compagnons de captivité et sur l'organisation des sociétés secrètes. Quoique la délation ne fût pas signée, personne n'hésita à la lui attribuer. Les confidences des anciens membres du gouvernement de Louis-Philippe prouvèrent que l'opinion publique ne s'était pas trompée, et j'ai personnellement entendu M. Gabriel Delessert — qui était incapable de mentir — affirmer qu'il avait reçu communication de plusieurs rapports semblables, émanés tous de Blanqui, rapports remis, de la main à la main, par une femme qui avait un lien de très-proche parenté avec le prisonnier, et qui avait pris le soin préalable de les recopier.

Blanqui, se sentant compromis, malgré ses dénégations passionnées et peu probantes, voulut brusquer les choses et organiser un mouvement à propos d'un vote de l'Assemblée qui avait très-raisonnablement refusé de créer le *ministère du progrès*. Quelques affiches furent placardées où l'on disait que les promesses faites sur les barricades n'étaient pas accomplies; c'était inviter la population à un nouveau mouvement. La population resta sourde; Blanqui avait échoué.

Raspail fut plus adroit; il mit en avant une cause qui a constamment servi d'arme offensive à toutes les oppositions contre tous les gouvernements. Il parla de la Pologne et fit facilement voter par son club qu'une pétition en faveur de ce malheureux pays serait directement portée à l'Assemblée nationale. Réussir dans ce projet coupable, c'était, d'une part, forcer les représentants à délibérer sous la pression immédiate de l'émeute, et de l'autre, contraindre la France à déclarer la guerre à la Prusse, à l'Autriche et à la Russie. On voit qu'on n'y allait pas de main morte en ce temps-là et qu'en 1848 on était au moins aussi hardi qu'en 1870.

Le mot d'ordre fut transmis à tous les clubs, à tous les ateliers; les délégués du Luxembourg et les ateliers nationaux, quoique créés pour se servir mutuellement de contre-poids, se tinrent prêts à marcher de conserve en cette occurrence. Mais avant de se ruer sur l'Assemblée nationale et d'en effondrer les portes, on voulut rassurer les représentants et la population en faisant une sorte de manifestation pacifique : c'était la répétition générale avant la première représentation. Le 13 mai, une bande très-nombreuse se dirigea vers l'Assemblée nationale, mais s'arrêta sur la place de la Concorde, où un député, M. Vavin, je crois, harangua cette foule paisible et reçut la pétition qu'elle apportait. Le lendemain, les journaux n'eurent point assez d'hypocrites éloges pour célébrer la modération du peuple, « dont la force égale la majesté. » Vingt-quatre heures plus tard, on savait à quoi s'en tenir sur cette modération.

Le gouvernement de la France était alors représenté par une commission dite exécutive composée de cinq membres qui, le 10 mai, avaient été nommés par l'Assemblée nationale dans l'ordre suivant : François Arago, Garnier-Pagès, Marie, Lamartine, Ledru-Rollin. L'écart des votes était significatif et indiquait une réserve manifeste contre Ledru-Rollin, qui n'arrivait qu'avec 458 suffrages, tandis que François Arago en avait réuni 794.

La commission qui siégeait au Luxembourg avait-elle été mal instruite par le préfet de police Caussidière, avait-elle été abusée par les déclarations pacifiques des chefs de clubs, avait-elle sottement imaginé que « sa force morale » — on parlait déjà de cela à cette époque — suffirait à neutraliser l'élan d'une manifestation longuement préparée? Je l'ignore; mais je sais que nulle mesure sérieuse de résistance n'avait été prise, et que l'on semblait avoir abandonné le sort de la représentation nationale aux caprices de la population. On peut même croire que la garde nationale avait été réservée au rôle platonique de spectatrice, car les ordres qui furent transmis par le général de Courtais furent si incohérents et si peu précis, que l'on dut les attribuer à un homme d'une rare ignorance ou complice.

Lamartine, interpellé par M. Wolowski sur les affaires de Pologne, avait déclaré qu'il se tiendrait prêt à répondre dans la séance du lundi 15 mai. Nous savions tous que « le peuple » — c'est-à-dire les clubs et les artisans de désordre à tout prix — devait porter lui-même, à la barre de l'Assemblée, sa pétition en faveur des « frères de la Vistule » ; et nous étions persuadés que la commission exécutive s'opposerait à une manifestation qui, fatalement, devait amener de graves complications.

Le Corps législatif est très-facile à protéger ; il suffit, en effet, d'occuper militairement la place du Palais-Bourbon et les rues convergentes, les quais et le pont de la Concorde pour défendre contre toute attaque, contre toute tentative d'envahissement, le palais des délibérations parlementaires. Nous avions donc lieu de penser que les légions de la garde nationale, qui, malgré leur rancune, avaient répondu avec un entrain si unanime au rappel du 16 avril, seraient convoquées dès le matin et massées aux abords du Palais-Bourbon. Il n'en fut rien ; seulement un tambour de ma compagnie vint me dire, le dimanche soir, de ne pas sortir le lendemain avant midi et de me tenir prêt à marcher dès la première réquisition. Je fis préparer mon uniforme ; je mis, à tout hasard, quelques cartouches dans ma giberne, et j'attendis.

Je ne me couchai pas ; j'étais garde-malade ; je donnais des soins à une vieille servante qui m'avait élevé, que j'aimais tendrement et qui souffrait alors d'un mal cruel ; la nuit se passa tantôt près du lit de ma malade, tantôt à ma table de travail, car, malgré ces prises d'armes, ces factions, ces patrouilles perpétuelles, j'écrivais le récit d'un voyage à pied que, l'année précédente, j'avais fait avec Gustave Flaubert dans l'Anjou, la Bretagne et la Normandie. Je me rappelle que cette nuit-là je m'appliquai fort à la description d'un lever de soleil sur la ville de Caen. Parfois j'ouvrais une fenêtre et je montais sur ma terrasse ; tout était tranquille et endormi ; les becs de gaz jetaient des lueurs vacillantes sur les maisons de la rue Royale, et semblaient de basses étoiles rangées régulièrement sur la place de la Concorde ; il y avait une grande fraîcheur dans l'atmosphère limpide, le ciel était très-pur, et nul passant ne tachait d'une ombre mobile la place de la Madeleine agrandie par l'obscurité.

Le matin, je fus prévenu que je devais me rendre en armes à la mairie du premier arrondissement, à neuf heures précises. Je fus exact. Les hommes se réunirent peu à peu, arrivant isolément, et s'entassèrent dans la cour étroite. Vers onze heures, nous étions environ cinq ou six cents, spécialement choisis dans toutes les compagnies de la légion, formant un bataillon sur lequel on pouvait compter et placé sous les ordres du commandant Bourkhardt. Avec la familiarité ordinaire aux gardes nationaux qui n'ont jamais compris ni pratiqué l'obéissance passive, nous interrogions le commandant : « Où allons-nous ? — Je n'en sais rien ; je n'ai pas d'ordres. — Quand partons-nous ? — Je n'en sais rien ; je n'ai pas d'ordres. » Quelques-uns de nos officiers non convoqués, vêtus en bourgeois, vinrent nous voir et causèrent avec un ancien capitaine d'infanterie qui nous servait d'adjudant-major.

Ce vieux brave était fort en colère, parlait du général Courtais en termes un peu lestes et ne se gênait pas pour dire : « Ce b....-là ne sait pas son métier, nous devrions être sur le terrain depuis longtemps. »

Tous les officiers semblaient être dans une indécision extraordinaire, comme des hommes livrés à une initiative dont ils redoutent la responsabilité. Enfin, un lieutenant d'état-major entre dans la cour, parle à voix basse à notre commandant et s'éloigne ; au moment de franchir la porte, il se retourne et dit à haute voix : « Du reste, vous prendrez conseil des circonstances. » Lorsque l'horloge de la mairie indiqua midi et un quart, on fit un roulement de tambour et nous formâmes nos pelotons. Ma compagnie tenait la tête du bataillon et ma haute taille me plaçait au premier rang. Lorsque l'on fut à peu près en ordre et que l'on eut accompli toutes les petites évolutions préliminaires, les portes de la mairie furent ouvertes à deux battants et notre troupe se mit en marche au bruit du tambour.

Nous prîmes notre direction par la rue d'Anjou et le faubourg Saint-Honoré. Un de nos fourriers marchait près de moi, à ma droite ; il s'avançait péniblement, le cou tendu et le dos courbé comme s'il eût supporté un poids considérable ; cette allure m'étonna chez un homme qui, d'habitude, avait le pas très-dégagé. D'un mouvement volontaire du coude, je heurtai son sac, que je trouvai dur, lourd et résistant. Je compris. « Est-ce toute notre provision de cartouches ? lui dis-je. — Non, répondit-il, les tambours en ont aussi. » Nous nous engageâmes dans la rue des Champs-Élysées, et comme nous allions débucher sur la place de la Concorde, à l'angle de l'hôtel Crillon, nous eûmes un cri de colère. Nous étions joués ; le général Courtais nous avait envoyé ses ordres une demi-heure trop tard. La manifestation n'était pas à dix mètres du pont.

Une longue file d'hommes de tous costumes et de toutes coiffures ondulait comme un serpent sur la vaste place ; quelques-uns étaient en uniforme, d'autres agitaient des drapeaux et des bannières ; un ou deux cabriolets de louage marchaient au premier rang de cette foule et je crois bien avoir vu quelques hommes portés sur les épaules de leurs compagnons. Nul cri, nulle vocifération d'ensemble ; un bruit de houle avec des « ah ! ah ! ah ! » lorsque nous fûmes aperçus. A notre aspect cette énorme foule prit le pas de course pour arriver au pont avant nous : précaution inutile, car nous étions trop loin pour atteindre la tête de colonne ; la rue Royale poussait des flots d'individus qui se mettaient aussi à courir en nous voyant.

Le commandant Bourkhardt était blême de fureur — et il y avait de quoi. — Portant l'arme au bras, la main à la crosse, nous longeâmes les quinconces des Champs-Élysées et nous prîmes le Cours-la-Reine. Nous étions six cents, ils étaient vingt mille ; il eût été absurde d'engager le combat dans des conditions pareilles ; notre commandant agit avec prudence et habileté ; il nous fit traverser la Seine et nous massa vers l'entrée de l'esplanade des Invalides, à peu de distance de l'Assemblée, et prêts à lui porter secours si nous étions appelés.

Nous étions exaspérés, mais nous ignorions absolument ce qui se passait au Corps législatif. Nous restâmes ainsi plusieurs heures qui nous parurent longues, nous disputant entre nous et attendant toujours un ordre qui n'arrivait pas. Je crois bien ne pas me tromper en affirmant que la première nouvelle de l'envahissement de l'Assemblée nous fut apportée par notre colonel lui-même, M. Victor de Tracy, qui avait été revêtir son uniforme et venait se mettre à notre tête pour essayer de délivrer la représentation nationale dont il faisait partie. Il restait avec nous, sans prendre une décision immédiate, prêtant l'oreille aux bruits lointains et ressemblant à un homme qui attend un signal pour agir. Nous ne fûmes pas doux avec lui ; on lui disait : « Lorsque nous vous avons choisi pour colonel, vous avez pris l'engagement formel de défendre l'Assemblée si elle était attaquée, de la protéger contre toute violence, de lui obéir quand même, car elle est souveraine et représente tout le pouvoir. » M. de Tracy était un homme grand, maigre, de façons très-distinguées, toujours maître de lui, et d'opinions fort modérées. Il nous répondait avec une exquise politesse : « Tout à l'heure, messieurs, laissez-moi juge de l'opportunité du moment. »

Le moment vint enfin et nous nous mîmes en marche; bien lentement, pas à pas, pour ainsi dire, et nous arrêtant souvent. Cela nous irritait et nous étions injustes. M. de Tracy, qui n'avait point de confidences à nous faire, savait que l'on battait enfin le rappel dans Paris, il ne doutait pas du résultat de la journée, et ne se souciait nullement de nous aventurer, au hasard, isolés et sans secours possible; il agissait donc prudemment et nous avions tort de nous plaindre. Bientôt il nous quitta pour hâter lui-même le mouvement de la première légion.

En approchant du Palais-Bourbon, nous vîmes un singulier spectacle qui, sur le moment même, nous fit une assez vive impression : des gardes mobiles, en uniforme, étaient debout sur le petit mur qui clôt le jardin du côté du quai; tous avaient la baguette dans le canon du fusil pour bien affirmer leurs dispositions pacifiques — sinon plus — et tous, lorsque nous passâmes, se mirent à siffler et à crier : « A bas les aristos! » Nous continuâmes notre chemin sans mot dire, car notre objectif n'était pas là.

Nous arrivâmes enfin devant le Corps législatif, et nous fîmes halte ; quelques hommes étaient répandus sur l'escalier et dans la cour. La grille était fermée; nous l'ébranlâmes de toute façon, sans pouvoir parvenir à l'ouvrir; nous parlions déjà de réunir des cartouches, d'en faire un « marron » et de la faire sauter, lorsqu'un homme vêtu d'une redingote et nu-tête s'approcha de nous. Il était de taille moyenne, assez fort et large d'épaules; ses cheveux blonds blanchissant, ses yeux bleus, son visage rond, eussent été agréables, si une quantité extraordinaire de taches de rousseur jetées à profusion sur le front, sur les joues et jusque sur les mains n'eussent donné quelque étrangeté à sa physionomie. Il s'avança vers nous très-vivement et visiblement ému. « Vous perdez votre temps, faute de savoir la route;

suivez-moi, nous dit-il à voix basse. — Qui êtes-vous? lui demanda un de nos officiers. — Le duc de Luynes. » — Nous le suivîmes au pas de course. Il nous fit prendre la rue de Bourgogne et pénétrer dans le palais du Corps législatif par l'entrée de la bibliothèque; lorsque nous fûmes arrivés dans la salle des Pas-Perdus, il nous dit : « Vous y êtes; bon courage! »

IX

L'ASSEMBLÉE ENVAHIE.

La garde nationale est très-décidée à combattre le mouvement insurrectionnel. — Le suffrage universel se viole lui-même. — Le rôle du général Courtais. — Vains efforts de Lamartine. — Assez de guitare ! — M. Wolowski à la tribune. — Vive la Pologne ! — Envahissement. — Attitude des représentants. — Alphonse Baudin. — Louis Blanc. — MM. Buchez et Corbon. — Barbès. — Il est grisé par les acclamations de la foule. — Blanqui à la tribune. — Résolution subite de Barbès. — Ses motions absurdes. — On entend battre le rappel. — Louis Blanc porté en triomphe. — La farce commence. — Huber prononce la dissolution de l'Assemblée. — Nouveaux triomphes. — Le gouvernement provisoire. — Vive la sociale ! — Départ pour l'Hôtel de ville. — Notre peloton arrive. — Conquête d'un bureau de poste aux lettres.

L'Assemblée était comme une ruche d'abeilles assaillie par des frelons ; nous entendions le bourdonnement de la foule qui bruis-

sait dans la vaste bâtisse légère et sonore que
l'on avait élevée dans la cour du Corps législatif, afin d'abriter les neuf cents représentants
de la France. Nous arrivions trop tard pour protéger l'Assemblée, mais à temps pour hâter le
dénoûment du drame dont la dernière scène
allait se jouer à l'Hôtel de ville, où les insurgés, fidèles aux vieux usages révolutionnaires,
cherchaient à organiser un gouvernement provisoire. Le 15 mai était l'exacte répétition du
24 février ; mais il lui manqua, pour être légal, l'investiture que donne le peuple oublieux
de ses droits et surtout de ses devoirs. Cette
fois, la garde nationale était debout ; loin
d'être complice du mouvement, elle le détestait
et se montrait très-décidée à le vaincre. Tout,
cependant, semblait avoir été habilement préparé pour que sa tardive intervention ne pût
rien sauver, ni l'Assemblée, ni le pays.

Dès son début, le suffrage universel venait
de se violer impudemment lui-même, et dans
des circonstances si particulièrement odieuses,
qu'il est bon de les raconter. Ce fut le général
Courtais qui, à l'entrée du pont de la Con-

corde, s'avança vers la manifestation à la tête de laquelle marchaient Raspail, Sobrier, Blanqui et l'abbé Châtel, le ridicule inventeur de l'*Église française*. On eût pu croire que, revêtu des fonctions qui le constituaient, par-dessus tout autre, gardien de la sécurité publique, il allait tâcher d'obtenir de cette bande d'émeutiers qu'elle s'arrêtât à distance respectueuse du Corps législatif et qu'elle ne franchît pas une enceinte que tout rendait sacrée. Loin de là, Courtais, faisant chorus avec les prétendus pétitionnaires et plus haut qu'eux encore criant : « Vive la Pologne ! » — c'était le mot d'ordre et le prétexte de la journée, — les guida, leur fit ouvrir la grille du Corps législatif, ordonna par écrit aux gardes mobiles de mettre la baguette dans le canon du fusil, fit retirer un bataillon de la 4e légion de la garde nationale qui, de son propre mouvement, voulait défendre les abords de la Chambre ; c'est lui, en un mot, qui livra le palais aux envahisseurs.

Lamartine fit un effort désespéré pour arrêter ce flot irrésistible qui roulait déjà dans la salle des Pas-Perdus. Il invoqua la loi, le respect dû au suffrage universel; il suppliait le peuple de ne pas se déjuger lui-même; il étendait les bras pour empêcher la foule d'avancer. Peines perdues : l'œuvre de l'éloquence avait fait son temps. Prudemment, Raspail et Blanqui se glissaient par les couloirs vers la salle des délibérations.

Le groupe très-nombreux, très-animé, auquel Lamartine essayait de tenir tête, semblait dirigé par trois individus : Albert, représentant du peuple; Laviron, capitaine d'artillerie; et G. H..., aux mains duquel, dit-on, on voyait un poignard. — Ce G. H..., ramené par l'expérience à des sentiments sérieux, au travail, à l'accomplissement du devoir, a mérité, depuis, une notoriété honorable sous un pseudonyme que je ne trahirai pas. — Un assez beau garçon appelé Châteaurenaud, qui avait servi de comparse au Cirque olympique, défendait énergiquement Lamartine et le couvrait de son corps. Malgré son courage, celui-ci se décourageait visiblement; sa parole, naguère encore toute-puissante pour charmer et désarmer les foules, échouait misérablement devant les quolibets dont on le flagellait: on lui criait : « Assez de guitare ! ta lyre est cassée ! » et, faisant allusion à un personnage de la pièce des *Saltimbanques*, on lui disait : « Tu n'es qu'un Bilboquet d'azur ! » Lamartine se sentit vaincu, et laissa passer le torrent.

A ce moment, fidèle au programme fixé, M. Volowski était à la tribune; il récitait un discours monotone et banal. Les voix de la multitude lui répondirent; un formidable cri de *Vive la Pologne!* ébranla la salle entière, et le peuple « dont la force égale la majesté » fit son entrée. En moins d'une minute, les siéges des représentants, l'hémicycle, le bureau du président, la tribune, tout fut envahi. Du sein de cette foule imbécile montait une clameur immense, composée de tous les cris et de toutes les vociférations.

Les représentants furent très-calmes et d'une attitude irréprochable. Les souvenirs du *De viris* ont dû se réveiller dans leur mémoire, et plus d'un, sans doute, s'est comparé aux sénateurs romains, assis sur leur chaise curule, impassibles, pendant que nos aïeux, les Barbares des Gaules, leur tiraient la barbe et leur crachaient au visage. Un seul quitta la séance : ce fut M. Taschereau, que Blanqui, ulcéré des révélations de la *Revue rétrospective*, avait donné ordre de saisir. Il fut prévenu, se déroba, et fit bien.

Au milieu d'un tumulte inexprimable, il n'était point facile de se faire entendre, et les inutiles protestations des représentants se perdaient dans le bruit. Les émeutiers ne consentaient guère à écouter leurs orateurs. Pour obtenir la parole et être accueilli par un peu de silence, il fallait être une sérieuse notabilité des clubs et de l'insurrection. Le docteur Alphonse Baudin lui-même — celui qui le 3 décembre 1851 devait mourir les armes à la main en défendant l'inviolabilité des assemblées issues du suffrage universel — ne put parvenir à prononcer un discours, malgré ses amis qui criaient : « Laissez donc parler Alphonse Baudin! »

Le premier qui parut à la tribune et à l'aspect duquel la rumeur s'abattit quelque peu, fut Louis Blanc; il réclama le silence « pour que le droit de pétition fût consacré, — afin que la pétition fût lue ». Raspail lui succéda, la fameuse pétition en main; il eut beau la lire, on n'en entendit pas un mot, car les envahisseurs s'en souciaient fort peu, et les clameurs indignées des représentants couvraient la voix du vieux conspirateur mystique. On avait écouté Louis Blanc, on avait regardé Raspail; on voulut un autre divertissement; on cria : « Blanqui! Blanqui! » comme dans les petits théâtres populaires on appelle un acteur aimé du public.

C'est à ce moment, je crois, qu'il convient de placer un fait qui détourna de ses devoirs de représentant un homme dont la conduite, depuis le 24 février, n'avait donné lieu à aucun reproche : je parle de Barbès. Non-seulement l'Assemblée était envahie, mais une masse énorme de clubistes et de curieux battaient les murs du Corps législatif, encombraient les escaliers et se répandaient sur les quais voisins. Le président Buchez, craignant qu'une nouvelle invasion ne vînt mettre en péril l'existence même des représentants réunis dans cette salle fragile déjà outrageusement chargée, appela près de lui M. Corbon, un des vice-présidents de l'Assemblée. M. Corbon, élu à Paris, sortait de ce groupe d'ouvriers intelligents et probes qui avaient fondé le journal *l'Atelier*, où les questions intéressant le prolétariat avaient été souvent théoriquement traitées d'une façon remarquable. M. Corbon, d'attitude fort réservée, très-honnête homme, modéré, républicain sincère et désintéressé, avait rapidement conquis les sympathies de l'Assemblée. M. Buchez l'engagea à prier Barbès d'user de son influence sur le peuple pour empêcher de nouvelles bandes d'assaillir la salle des délibérations.

Barbès sembla hésiter; puis il prit son parti, se leva et sortit. Barbès, qui était un créole, avait une nature singulièrement impressionnable; c'était un homme calme en apparence, et qui perdait la tête lorsqu'on disait « le peuple »; semblable en cela à Garibaldi, avec lequel il eut plus d'un point de rapport, qui, lui aussi, n'est plus maître de sa volonté lorsqu'on l'invoque au nom de l'Italie. Chez Barbès, l'amour du peuple se confondait avec une ambition effrénée dont il ne se rendait pas bien compte ; les rois, quels qu'ils fussent, étaient pour lui des tyrans ; la république lui apparaissait comme une forme idéale et parfaite de gouvernement. Ses opinions étaient connues ; il avait essayé de les faire triompher par la force dans la ridicule échauffourée du 12 mai 1839. La révolution de Février, l'ayant trouvé en prison à Montpellier, avait fait de lui un colonel de la garde nationale et un représentant du peuple.

Invoqué comme instrument de salut suprême par le président de l'Assemblée, il est probable que Barbès s'avança vers la foule avec l'intention bien arrêtée de la rappeler à la raison ; mais il avait compté sans les acclamations qui allaient l'accueillir ; le vin capiteux de la basse popularité lui monta au cerveau, et lorsqu'il rentra, il était ivre de jacobinisme. — Il devait payer cette faute par une détention perpétuelle à laquelle Napoléon III mit spontanément fin en 1855. — Non-seulement il n'avait point dit aux émeutiers de se retirer, mais il avait applaudi à leur criminelle tentative; debout sur une fenêtre il s'était livré à des pasquinades théâtrales qui indiquaient une intelligence peu sûre d'elle-même; enveloppé dans les plis d'un drapeau, enlaçant Albert et Louis Blanc qui haranguait la foule, il avait acclamé cette tourbe insurgée dans laquelle — tant les illusions sont tenaces et trompeuses chez ces illuminés de la politique — il croyait, peut-être sincèrement voir, « le peuple souverain ».

Lorsque Barbès revint dans la salle des séances, le spectacle qui frappa ses yeux ne fut point de nature à le faire rentrer en lui-même. Blanqui, debout à la tribune, parlait et était écouté. Depuis la publication de M. Taschereau, Barbès avait conçu pour son ancien compagnon d'émeute et de captivité une haine farouche; il crut certainement que Blanqui, ce délateur impuni, allait s'emparer du mouvement, le diriger, l'absorber pour sa future omnipotence. Cette pensée lui fut insupportable, et il se précipita à la tribune avec une violence telle, que Blanqui dut lui céder la place. Ce qu'il demanda, ce qu'il décréta, seul, de sa propre autorité, réunissant en lui le pouvoir législatif et le pouvoir exécutif, tout le monde le sait; mais il faut le redire, car il nous est sain, parfois, de relire notre propre histoire : Barbès veut que les représentants, mêlés au peuple, défilent au pied de la tribune; — qu'une armée française parte immédiatement pour la Pologne; — qu'un impôt d'un milliard soit levé sur les riches; — qu'il soit interdit de battre le rappel; — que l'on fasse sortir de Paris les troupes qui s'y trouvent encore; — que tous les représentants qui refuseront de voter ces mesures soient déclarés traîtres à la patrie et mis hors la loi. La salle faillit crouler sous les applaudissements[1].

Cependant, malgré le tumulte, une sorte de

---

[1]. Le *Moniteur* reproduisant la séance du 15 mai dit qu'au moment où Barbès décréta un impôt d'un milliard sur les riches, des voix d'émeutiers s'écrièrent : « Non, non, ce n'est pas cela; deux heures de pillage ! » (Voir le *Moniteur universel* du 16 mai 1848, compte rendu de la séance de l'Assemblée nationale.)

bruit lointain et continu qui pénétrait par les fenêtres, dont on avait brisé les vitres, vint frapper ce troupeau d'énergumènes. On prêta l'oreille et l'on reconnut le son rhythmé du tambour ; on battait le rappel. La fureur et le désappointement dépassèrent toute mesure. Le président fut presque étouffé ; sur des morceaux de papier libre, ne portant aucun signe officiel, il écrivit : « Ne battez pas le rappel. » On prenait ces paperasses inutiles pour un ordre et on les faisait passer aux émeutiers du dehors, persuadé qu'elles suffiraient à arrêter la garde nationale. Raspail, Blanqui, Barbès avaient eu leur tour ; celui de M. Louis Blanc revint ; quelques ouvriers l'enlevèrent facilement, le placèrent sur leurs épaules et lui firent faire ainsi le tour de la salle, en criant : « Vive Louis Blanc ! » et en demandant l'organisation du travail. Le drame tournait à la farce.

La situation devenait de plus en plus inextricable ; chaque minute écoulée semblait la nouer davantage ; tout le monde était impuissant et chacun le sentait ; les émeutiers ne réussissaient pas à faire voter les représentants ; les représentants ne réussissaient pas à expulser les émeutiers ; on restait en présence, criant, vociférant, recommençant vingt fois de suite les mêmes pantalonnades et se heurtant toujours au fond de cette impasse dans laquelle on s'était engagé.

La chaleur était accablante et si intense, que deux personnes s'évanouirent dans la tribune diplomatique. Cependant, l'effort de résistance invincible que les représentants avaient opposé à l'invasion n'avait point été stérile, on avait gagné du temps et c'était beaucoup ; car pendant que les insurgés, pareils à des enfants malfaisants, s'amusaient à leur propre bruit et cassaient des banquettes, l'armée de l'ordre et de la légalité se réunissait pour venir mettre fin à cette descente de la Courtille politique qui avait roulé jusqu'au pied de la tribune parlementaire.

Comme dans les comédies mal conçues et mal conduites, le dénoûment se fit tout à coup, à la grande surprise des deux partis adverses qui se trouvaient face à face. Un corroyeur alsacien nommé Huber, qui était président du *club des clubs* et qui avait été condamné sous le gouvernement de Louis-Philippe pour fait de conspiration, s'empara de la tribune, et, d'une voix suraiguë, dominant le tumulte, il déclara — au nom du peuple souverain — que l'Assemblée nationale était dissoute. Il appuya sa motion en envoyant un coup de poing au président Buchez dont Laviron, — qui devait tomber à Rome sous les balles françaises, — prit immédiatement la place. Un représentant s'écria : « Et la Pologne, qu'est-ce que vous en faites ? » Nul ne lui répondit; il n'en était déjà plus question; le prétexte disparaissait en présence du résultat obtenu.

Le peuple battit des mains et cria : « A bas l'Assemblée ! » Puis les promenades triomphales recommencèrent; on hissa Barbès, on hissa Sobrier sur quelques vigoureuses épaules et on les secoua au-dessus de la foule, pendant qu'ils s'accrochaient, pour ne pas tomber, à la chevelure de leurs porteurs enthousiastes. Cette petite cérémonie terminée, on procéda à des œuvres plus sérieuses, c'est-à-dire à l'élection des membres du nouveau gouvernement provisoire; les noms qui furent proposés étaient connus; ils représentaient l'opposition à outrance et quand même, celle qui depuis s'est glorifiée d'être irréconciliable, — même avec la liberté. — Une sorte de colosse, assez semblable à un hercule de foire, glapissait les noms qu'on lui soufflait; c'est ainsi que l'on entendit retentir ceux de Barbès, Louis Blanc, Proudhon, Raspail, Blanqui, Huber, Sobrier, Caussidière. On criait : « Oui ! non ! bravo ! » Au nom de Ledru-Rollin ! il y eut quelque opposition, mais les « oui » dominèrent et le membre de la commission exécutive fut proclamé. On semblait d'accord; les nouveaux élus se groupèrent dans l'hémicycle devant la tribune; on leur serrait les mains, on les embrassait : leur sort n'était point enviable. Un cri dominait tous les autres : « Vive la République démocratique et sociale, » ou, pour être plus exact : « Vive la sociale ! »

Beaucoup de représentants, surmenés de fatigue, voyant l'Assemblée dissoute, comprenant qu'il n'y avait rien à faire tant que cette débauche de sottises ne se serait pas épuisée, sortirent de la salle des séances où ils étouffaient et se répandirent dans l'enceinte du Corps législatif, dans la bibliothèque, dans les salles des commissions, prêts à reprendre une séance qui n'avait pas été régulièrement levée. Pendant ce temps, les chefs de l'émeute, entourés de leurs principaux acolytes, précédés de bannières, sortaient de l'Assemblée pour se rendre à l'Hôtel de ville où les attendaient quelques groupes d'amis. Ils s'y jetèrent en triomphateurs et s'y laissèrent prendre comme dans une souricière, en maudissant l'ingratitude du peuple.

C'est au moment où ces fous abandonnaient le palais du Corps législatif, que le peloton de garde nationale auquel j'appartenais s'y précipita sur l'indication du duc de Luynes. Celui-ci nous avait quittés pour aller au-devant de nouvelles troupes, et nous étions fort embarrassés au milieu de la salle des Pas-Perdus, car nul de nous ne connaissait les détours de l'énorme labyrinthe où siégeait l'Assemblée nationale. Nous fûmes un instant décontenancés; puis, cherchant à nous orienter, nous tournâmes vers la gauche. Au bout de quelques pas, ayant aperçu une porte, nous l'ouvrîmes violemment. Dans une grande chambre, munie de tables et de casiers, des hommes étaient paisiblement réunis ; l'officier qui nous commandait leur porta le sabre à la poitrine : « Rendez-vous ! » — Ils se rendirent sans résistance, et en riant ; nous étions dans le bureau de la poste aux lettres.

X

L'ASSEMBLÉE DÉLIVRÉE.

La Constituante de 1848 supérieure à la Convention. — Le mot d'ordre. — Bagarre. — Accolade. — Opinion d'un représentant. — Aspect de la salle. — Arrivée des détachements de la garde nationale et de la garde mobile. — Un homme ! — Eugène Duclerc. — Le général Courtais. — On veut l'étrangler. — Il est protégé et sauvé. — Lamartine parle. — Son embarras et son hésitation. — Toute la garde nationale est accourue. — Un secrétaire d'ambassade. — Joie de Paris. — Épilogue. — Le 16 mai. — Caussidière et ses montagnards. — Sur le quai des Orfévres. — Le citoyen prince Murat. — Démission de Caussidière. — Inexplicable maintien de la commission exécutive.

La pendule du bureau de poste, que nous venions de prendre d'assaut avec une si vaillante étourderie, marquait exactement cinq heures moins vingt minutes; les insurgés avaient dû pénétrer dans l'Assemblée vers midi et demi ; les représentants étaient donc restés quatre heures sous une pression dont la violence ne peut se dépeindre ; nul décret cependant ne leur fut arraché, et ils surent résister avec une passive énergie à la brutalité et aux injonctions de la multitude. En ceci, la Constituante de 1848 fut supérieure à la Convention qui, si souvent, enregistrait les lois que la populace et les tricoteuses venaient lui dicter.

Ce n'est pas, comme on le pense bien, au milieu des employés de la poste que je m'abandonnais à ces réflexions ; nous sortîmes promptement pour trouver enfin cette introuvable salle des séances dont nous ignorions le chemin. Un mot rapide échangé entre nous nous parut un ordre auquel nous sûmes obéir : on ne fera usage de ses armes qu'à la dernière extrémité. Nous nous élançâmes en différentes directions, par groupes, au hasard et à l'aventure.

Je m'engageai sur un petit escalier, du haut duquel plusieurs hommes descendaient. On voulut m'arracher mon fusil, je ne le lâchai pas; de la main droite, des pieds je m'escrimai vigoureusement; je ne ménageais pas les horions, et on me les rendait avec une prodigalité assez pénible. La bagarre fut courte, mais vive; j'en sortis victorieux, ayant gardé mon fusil et conquis une liste des membres du nouveau gouvernement provisoire, liste que j'ai là sous les yeux, jaunie par le temps et toute fripée encore[1]. En revanche, j'avais, je ne sais comment, perdu mon col d'uniforme. Il est probable que, pendant la lutte, un de mes adversaires me prit à la cravate, dans la louable intention de m'étrangler un peu; la boucle du col était sans doute mal cousue, elle céda et je me trouvai le cou nu, mais délivré.

Je poussai une porte et je pénétrai dans une tribune élevée d'une dizaine de pieds environ au-dessus des derniers gradins de la salle. J'étais fort leste à cette époque et l'embonpoint ne m'a jamais beaucoup gêné; je montai sur la

---

1. Les noms portés sur cette liste sont inscrits dans l'ordre suivant : Hubert (*sic*). — Louis Blanc. — Pierre Leroux. — Blanqui. — Cabet. — Ledru-Rollin. — Barbès. — Albert. — Raspail. — Flocon. — Caussidière.

balustrade et je sautai. Je tombai droit sur mes pieds, face à face avec un vieillard dont la tête chauve était entourée de cheveux blancs. Il fit un geste pour me retenir et me prenant dans ses bras, il dit : « Ah ! cher garçon ! » C'était Georges Lafayette. Nous nous embrassâmes : il avait fort chaud, moi aussi ; cette accolade fut plus fraternelle qu'agréable.

J'étais dans un état d'animation extraordinaire ; la longue irritation de l'attente, le pugilat que je venais de soutenir m'avaient surexcité au dernier point. Je me précipitai vers un député très-célèbre, que je connaissais beaucoup, et je lui dis : « Mettez-vous à notre tête, marchons sur l'Hôtel de ville et finissons-en, une bonne fois pour toutes, avec ces éternels perturbateurs ! » Il tourna vers moi un visage sévère et me répondit : « La Chambre est dissoute par le peuple lui-même. Vous faites acte de mauvais citoyen ! » Je restai confondu ; je lui criai une injure et je me jetai sur un groupe d'émeutiers qui tourbillonnait dans l'hémicycle.

L'aspect de la salle était lamentable. Quoi !

c'était pour échouer sur un tel résultat, onze jours après la réunion de l'Assemblée, que l'on avait fait une révolution ! Une sorte de brouillard composé de buée et de poussière planait sous la vaste coupole ; des bandes d'hommes fuyaient par toutes les issues ; autour de soi, sans les voir, on entendait des tambours qui résonnaient ; aux sourdes clameurs de la foule se mêlaient des commandements militaires, brefs et articulés d'une voix aiguë ; des représentants épuisés, portant sur leur visage la trace de la longue fatigue, s'affaissaient sur leur siége et battaient des mains en nous voyant ; nous n'avions qu'un cri : « Vive l'Assemblée nationale ! » et nous le poussions avec frénésie ; pour ma part, je n'avais plus de voix et ma gorge éraillée ne rendait que des sons indistincts ; partout, aux tribunes, aux portes de l'Assemblée, apparaissaient enfin des gardes nationaux ; je reconnus le numéro de la seconde légion et celui du second bataillon de la garde mobile ; des huissiers éperdus couraient çà et là, levant les bras au ciel, disparaissant par un couloir, reparaissant par un autre, cherchant évidemment quelqu'un qu'ils ne pouvaient trouver ; des encriers roulés par terre, des empreintes de fortes semelles sur le velours des banquettes, une bannière lacérée flottant, comme une loque, sur le rebord d'une tribune, rappelaient l'envahissement et semblaient les épaves de la tempête qui avait passé là.

Malgré le brouhaha, les éclats d'une voix très-vibrante et singulièrement sympathique frappèrent mon oreille, je levai les yeux et je vis un spectacle qui m'émut d'une admiration qu'aujourd'hui encore, après vingt-sept ans écoulés, je retrouve intacte dans mon souvenir. Un jeune homme vêtu de noir était debout sur le bureau du président, dominant toute la salle, se détachant avec une netteté élégante sur la lumière que le large vitrage de la toiture versait autour de lui comme une auréole. Son front haut et déjà un peu dégarni, sa longue barbe blonde, son visage pâle, l'énergie de son geste et sa fière attitude éveillèrent tous mes instincts d'artiste ; j'oubliai mon rôle de garde national « libérateur », je m'assis sur le coin d'un pupitre, et je me mis à regarder ce jeune athlète dont les gestes semblaient flageller la foule. Ce qu'il disait, je ne pouvais l'entendre, car ses paroles se perdaient au milieu du tumulte ; il se tourna vers deux tambours placés sur les gradins et leur cria : « Battez un ban ! » Les tambours obéirent et firent un roulement. La rumeur générale s'affaiblit, et il y eut une sorte d'apaisement qui ressemblait presque à du silence ; je l'entendis alors : « Représentants, à vos places ; la séance n'est pas levée ; au nom de la nation que nous représentons, dont l'Assemblée n'est pas, dont l'Assemblée ne peut pas être dissoute, au nom de la France qu'une faction infâme ne parviendra pas à déshonorer, l'Assemblée reprend ses travaux ! » On applaudit ; des députés crièrent : « L'ordre du jour ! » Je me disais : « Enfin, voilà donc un homme ! » — Je demandai son nom, c'était Eugène Duclerc.

Au moment où il venait de sauter lestement de sa tribune improvisée, un grand bruit éclata en face de moi, sur les gradins inferieurs, vers les places où siégeait la droite. Il y avait une lutte entre plusieurs hommes; ce que je vis me révolta. Le général Courtais, avec une imprudence ou une impudence excessive, venait d'entrer dans la salle. Quelques gardes nationaux, fort irrités et peu maîtres d'eux-mêmes, l'entourèrent, le saisirent, le renversèrent sur un pupitre et se mirent tout simplement en devoir de l'étrangler. C'était un vieillard; je me rappelle son visage allongé et ses favoris blancs. J'accourus, le cœur bondissant, pour m'opposer à ces violences ignobles. Le malheureux faisait bonne contenance et fut très-énergique. D'une voix étouffée par la pression de deux ou trois mains qui lui serraient le cou, il criait : « Sortez ! vous n'avez pas le droit d'être en armes dans une assemblée délibérante. » Je n'avais pas le temps de rire d'une observation si comique dans un pareil moment. Le comte Joachim Clary, qui était notre lieutenant-colonel, plusieurs personnes dont j'ignore le nom et avec lesquelles je me trouvais, parvinrent à le délivrer à l'aide de quelques bourrades vigoureusement dirigées contre les assaillants. Son premier mot de reconnaissance fut : « J'avais défendu de battre le rappel ! »

Ce mot faillit le perdre, car on l'entendit. On se jeta de nouveau sur lui, l'insultant, criant : « A l'eau ! A bas le traître ! » Nous ne pûmes le protéger, nous n'étions pas en nombre, il nous fut enlevé. On lui arracha ses épaulettes et on l'en souffleta. Il y eut un fait horrible et qui me fit honte comme si tout mon être ne l'avait pas réprouvé. Un de ces énergumènes, — l'ordre en a tout aussi bien que le désordre, — mû sans doute par quelque souvenir inepte emprunté à un gros drame des boulevards, criait : « Il faut le dégrader ! il faut le dégrader ! » Il tira l'épée du misérable et essaya de la lui briser sur la tête ; l'épée ployait, se faussait et ne se rompait pas ; le dramatique imbécile recommençait et continuait à braire : « Il faut le dégrader ! » Notre cœur se soulevait de dégoût. Joachim Clary cria : « Mais sauvons-le donc ! » Un groupe de dix ou douze individus, parmi lesquels je crois bien avoir reconnu M. Vieillard, fit une poussée telle et si opportune, que nous pûmes enfin ressaisir le général Courtais, le placer au milieu de nous et le conduire hors de la salle, vers la bibliothèque, où nous l'abandonnâmes. Il se retourna vers nous et nous cria une phrase de menace, dans laquelle je distinguai les mots : « Conseil de guerre. »

Tout cela s'était passé avec une extrême rapidité, et lorsque je rentrai dans la salle des séances, on criait : « Lamartine à la tribune ! » Lamartine, en effet, venait d'arriver, remorquant Ledru-Rollin à sa suite. Celui-ci gravit un ou deux degrés de la tribune et appuya son coude sur la tablette, comme pour se mettre à l'abri et sous la protection de l'éloquence que l'on invoquait. Il me semble le voir encore, portant la tête de trois quarts, selon sa théâtrale habitude, le visage altéré et revêtu d'une pâleur profonde qui le faisait paraître bouffi ; les regards qu'il laissait tomber sur nous tous n'étaient point positivement bienveillants ; dans notre facile victoire, — qui cependant était aussi la sienne, — il voyait sans doute la défaite de sa douteuse popularité dont il devait, un an après, laisser les derniers lambeaux à travers le vasistas des Arts et-Métiers.

Lamartine, non plus, n'était point à son aise ; une sorte d'hésitation dans les gestes l'indiquait clairement. Sans être sorcier, on pouvait facilement deviner ce qui se passait dans son âme. Il était non-seulement représentant du peuple, mais il était aussi membre de la commission exécutive, qui n'avait rien prévu, qui avait tout laissé faire, et dont l'inqualifiable insuffisance pouvait presque passer pour une complicité latente. En outre, cette invasion de l'Assemblée, cette proclamation dérisoirement populaire d'un gouvernement, cette promenade vers l'Hôtel de ville, ne lui rappelaient-elles pas le 24 février et le rôle qu'il avait joué dans cette aventure ? *Hodie mihi, cras tibi ;* c'est l'inéluctable loi qui frappe les hommes politiques, lorsqu'ils demandent aux passions et à la violence de les aider dans leur ambition. Tous ces sentiments devaient s'agiter en lui et neutralisèrent singulièrement son éloquence.

Il fut d'une médiocrité dont je restai stupéfait ; rien ne fut sincère dans ce qu'il dit ; on sentait une rhétorique qui se cherche sans parvenir à se retrouver. On applaudissait par habitude, mais il ne sut éveiller aucune émotion, car il était manifestement embarrassé de son personnage et sans doute aussi de ce pâle compagnon qu'il traînait avec lui en toute circonstance, comme pour le protéger et se faire protéger par lui. Semblable à la chauve-souris de la fable, il développait ses ailes ou étalait ses pattes, suivant les besoins du moment, montrant Lamartine aux conservateurs et Ledru-Rollin aux révolutionnaires. Le résultat, qu'il n'avait pas prévu, fut bien simple : il s'aliéna la confiance des uns et des autres, pour retomber dans l'indifférence générale du haut de la plus forte popularité qui ait jamais existé.

Il comprit lui-même, à cet instant, que son discours se perdait dans le vide de sa propre pensée ; il tourna court et demanda un cheval pour marcher vers l'Hôtel de ville, où Barbès, disait-on, avait réussi à s'installer. Nous reformâmes nos rangs, tant bien que mal, nous sortîmes de la salle et du palais; la place du Corps législatif, les quais, le pont de la Concorde, étaient occupés par la garde nationale. A l'entrée de la rue de Bourgogne, notre légion nous acclama; on avait été fort inquiet de nous; comme toujours on avait accueilli sans contrôle les bruits les plus alarmants; on avait parlé de combats, de morts, de blessés; chacun nous témoignait sa joie de nous revoir sains et saufs.

On se mit en marche, tambour battant, par le pont de la Concorde et le quai des Tuileries; au loin, devant nous, nous apercevions Lamartine et Ledru-Rollin juchés sur des chevaux de dragons, entourés d'une escorte de cavaliers et accompagnés de quelques représentants. Près du pont Royal, un homme qui suivait notre peloton avec inquiétude et qui le fouillait de l'œil, comme s'il y eût cherché quelqu'un de connaissance, m'aperçut, s'élança vers moi, me tira vers le parapet et me dit : « Au nom du ciel, racontez-moi ce qui se passe! » C'était M. Bàlabine, secrétaire ou conseiller d'ambassade de Russie à Paris, qui était en quête de nouvelles pour faire sa dépêche. Je lui expliquai rapidement l'état des choses ; il me répétait sans cesse : « Bien! bien! mais la Pologne? » Il me fallut un effort d'esprit pour le comprendre, tant tout le monde — émeutiers et gardes nationaux — avait déjà oublié le prétexte de cette échauffourée que l'indulgence de Lamartine devait plus tard appeler « une étourderie populaire. » En qualité de Russe, M. Bâlabine y attachait quelque importance. Je lui répondis : « Il n'est plus question de Pologne ; Raspail et Blanqui l'ont étranglée. »

Peu à peu nous ralentîmes le pas. Devant le Louvre on nous fit faire halte. Nous apprîmes bientôt que l'Hôtel de ville avait été repris sans coup férir, et l'on nous dirigea vers nos quartiers. Je rentrai chez moi avec plaisir ; une nuit blanche suivie d'une journée pareille m'avait quelque peu fatigué. Le soir, tout Paris illumina spontanément. Il ne fut pas besoin de parcourir les rues, en chantant l'air *des Lampions*, pour faire éclairer les fenêtres.

On a beaucoup discuté, à l'époque, pour savoir quelle était la troupe qui, la première, avait franchi le seuil du palais législatif envahi. La garde nationale et la garde mobile se sont disputé cet honneur. Je crois fermement que le bataillon de la première légion, dont je faisais partie, a eu la chance, avant tout autre, de jeter un peloton dans l'Assemblée. Le premier de nous qui est entré se nommait Lefrançois; c'était un ancien sergent aux chasseurs à pied dont nous avions fait un de nos lieutenants ; le second fut celui que le hasard de sa taille désignait pour marcher en tête de la compagnie.

Cette journée du 15 mai eut son petit épilogue. Le 16 vers midi, le rappel battit de tous côtés ; on remit le harnois et l'on se hâta. Qu'était-ce donc encore et quel nouveau fantôme allions-nous avoir à combattre ? Caussidière, préfet de police, sérieusement soupçonné d'avoir favorisé l'envahissement de l'Assemblée nationale, avait reçu ordre de licencier la bande de « montagnards » qui lui servait de gardes du corps. Caussidière avait refusé et les montagnards avaient déclaré qu'ils se feraient sauter plutôt que de se rendre. Nous étions chargés d'aller les déloger. Voilà du moins ce que l'on nous disait ; ce n'était vrai qu'à moitié : les montagnards ne se firent pas sauter et nous n'eûmes pas à les combattre.

On nous massa sur le quai des Orfévres, devant ce qui subsistait alors du jardin des présidents au Parlement, de ce jardin où, au lendemain de la journée des Barricades, Achille de Harlay dit au duc de Guise : « C'est grand'pitié quand le valet chasse le maître ! » Les montagnards étaient rangés derrière les grilles fermées ; ils occupaient tous les bâtiments de la préfecture ; il est fort heureux pour nous qu'ils aient eu l'humeur pacifique, car nous aurions pu facilement être tués jusqu'au dernier, sans autre compensation que de riposter inutilement. Il n'y eut nul conflit, et ces montagnards, que l'on disait si terribles, furent de très-bonne composition, le 16 mai ; — le 15, vers trois heures et demie, je ne m'y serais fié qu'avec réserve.

La journée fut égayée par un incident comique. Vers deux heures, le prince Murat, qui était grand, fort gros et de face exubérante, vint voir ce qui se passait aux abords de la préfecture de police. Quelques gardes nationaux beaucoup plus zélés qu'il n'aurait fallu le prirent pour Caussidière, le mirent en état d'arrestation et se demandèrent s'il ne conviendrait pas de le jeter à l'eau. Le prince Murat émit naturellement quelques objections et parvint, non sans peine, à se faire reconnaître. On lui fit des excuses, et il distribua beaucoup de poignées de main. Pour éviter que pareil accident ne se renouvelât, on le fit escorter par deux officiers qui criaient : « Ne lui faites pas de mal ! c'est le citoyen prince Murat ! »

Le soir on apprit que Caussidière avait donné sa démission, que les montagnards étaient licenciés, et l'on nous renvoya chez nous. Tout le monde avait pensé — avait espéré — qu'un vote parlementaire renverserait cette commission exécutive qui, si niaisement, avait laissé préparer et accomplir l'envahissement de l'Assemblée ; mais le besoin de concorde était si puissant à ce moment que l'on passa condamnation et qu'on la toléra encore. Pour la faire rentrer dans l'ombre où son incapacité aurait toujours dû la maintenir, il ne fallut rien moins que l'insurrection de Juin.

XI

LA COMMISSION EXÉCUTIVE.

Les corvées. — Le bruit du tambour. — La commission du rappel. — Le néant. — Cacophonie gouvernementale. — Affaissement de l'esprit public. — « Faulte d'argent. » — La dernière pièce de vingt francs. — Les loisirs de la population. — La *Marseillaise*. — Un réactionnaire exaspéré. — Le général Clément Thomas. — Ses origines et sa fin. — Rassemblements à la porte Saint-Denis et à la porte Saint-Martin. — Vive Barbès ! — Les entrepôts de la douane. — Un colonel qui n'aime pas l'eau-de-vie. — A l'entrée de la rue Saint-Denis. — Passivité et ennui. — Patrouille. — Une grosse capture. — Haroun-al-Raschid en retard.

L'avortement de la tentative du 15 mai ne donna aucun repos à la garde nationale. Loin de là, nos fatigues devinrent incessantes. Le parti vaincu, assez habilement dirigé par des chefs occultes et dont le nom n'a même pas obtenu une éphémère notoriété, usa de tactique pour parvenir à prendre sa revanche. Il entretint dans les rues, sur les boulevards, à l'entrée des faubourgs, une constante agitation, avec l'espoir peu déguisé, d'arriver ainsi à lasser tellement la garde nationale, que celle-ci n'obéirait plus au rappel et se soustrairait au devoir de maintenir la sécurité publique. Aussi nos corvées se multiplièrent dans des proportions excessives ; nous étions littéralement surmenés, car, en dehors des gardes régulières qui se renouvelaient tous les cinq jours, il ne se passait plus de semaine que nous ne fussions convoqués pour quelque service extraordinaire.

Chacun de nous vivait sous l'uniforme, comme un soldat. Tout rendez-vous d'affaire ou de plaisir était subordonné à cette condition : si l'on ne bat pas le rappel. On était tellement accoutumé à ce bruit, que l'on croyait toujours l'entendre. Bien des fois, j'ai quitté mon travail, je me suis élancé sur ma terrasse et j'ai prêté l'oreille au son nerveux d'un battement de tambour qui n'existait que dans mon imagination. La nuit on se réveillait en sursaut, on écoutait, on reconnaissait son erreur, et l'on se rendormait pour retomber dans un rêve qui vous apportait encore la même illusion. Cela indiquait une préoccupation persistante et la ferme volonté de ne pas déserter à l'heure du péril. Nous faisions volontiers porter à la commission exécutive la peine de tous nos ennuis, et, en plaisantant, nous la nommions la commission du rappel.

Jamais, je crois, gouvernement plus singulier n'a infructueusement essayé de diriger un pays. Cette pauvre commission, qui siégeait au palais du Luxembourg en souvenir du Directoire, ne faisait ni bien ni mal : elle ne faisait rien. C'était le néant. Lamartine et Ledru-Rollin, cherchant à se refaire une popularité qui fortifiât leur pouvoir, travaillaient à se trouver des partisans dans l'Assemblée nationale; François Arago, fourvoyé dans ce dédale de médiocres intrigues, regrettait d'avoir abandonné la féconde étude des choses éternelles pour se perdre et se diminuer au milieu de misérables questions de vanité indignes de son grand esprit; Marie, avocat studieux et intègre, homme d'État incapable et faible, essayait vainement de franchir la distance qui sépare la jurisprudence de la politique; Garnier-Pagès, remuant, redondant, frère de son frère, croyant ingénument que l'intelligence se transmet par héritage comme un titre de noblesse, ayant fait son éducation politique dans le courtage commercial, s'agitait dans son propre vide, et prenait son ambition pour une preuve de ses capacités absentes.

Tout allait à vau-l'eau, comme disent les bonnes gens. Les pouvoirs se trouvaient en présence, se côtoyaient sans se mêler, se nuisaient réciproquement et semblaient tous poursuivre un but différent. La commission eût voulu être respectée, elle ne l'était pas; l'Assemblée eût voulu être dirigée, elle ne l'était pas; le pays eût voulu être gouverné, il ne l'était pas. Membres de la commission, ministres, représentants du peuple, ardemment attachés à la conservation de leur situation personnelle, battus par des compétitions qui se renouvelaient sans cesse, n'oubliaient qu'une seule chose — bien mince, en vérité — le salut commun. Si — pour parler le langage cher aux orateurs politiques — la barque qui portait la fortune de notre pays n'a pas sombré sous la main de pareils pilotes, on peut en conclure qu'il y a au cœur de la France une vitalité qui permet de n'en jamais désespérer.

Tous les esprits semblaient flotter à l'aventure. On s'attendait à des événements redoutables, on s'y résignait d'avance et l'on ne faisait rien pour les conjurer. On s'alanguissait dans une inertie coupable; on fermait les yeux pour ne pas voir le lendemain; on vivait au jour le jour; la lâche devise : *Carpe diem!* était devenue le mot d'ordre général. Depuis cette époque nous avons été noyés dans des fleuves d'amertume et nous avons reçu des blessures dont nous saignerons pendant de longues années encore, mais je n'ai jamais vu un affaissement égal à celui où sombraient les âmes pendant la période qui sépara le 15 mai de l'insurrection de Juin.

A ce malaise universel, sorte d'accident pathologique, représentant l'atonie morbide qui succède aux commotions trop violentes, venait se joindre une souffrance assez aiguë et très-désagréable; elle était déjà fort connue du temps de Rabelais, qui la nommait : « Faulte d'argent; » misère pour les uns, pénurie pour les autres, tout le monde était atteint dans ses habitudes. Sous ce rapport, la perturbation n'épargna personne; un banquier célèbre disait : « Où tong est l'archent? » La Californie à peine exploitée à cette époque, l'Australie encore inconnue quant à ses richesses métalliques, n'avaient point jeté sur l'univers l'énorme produit de leurs mines; l'or, en se multipliant, a singulièrement perdu de sa valeur, mais du moins il s'est répandu en telle profusion, que nous avons pu traverser des crises bien plus graves, sans être si complétement appauvris, et sans avoir à supporter une gêne aussi pénible.

Le travail était suspendu dans les ateliers; les marchands ne vendaient plus, car on n'achetait rien; on se limitait à l'acquisition des denrées indispensables à la vie; la valeur des propriétés immobilières avait baissé dans des proportions inconcevables; la Rente était tombée de moitié; les craintes ressenties étaient telles et si pressantes, que le Gouvernement — commission ou ministère, je ne sais, — avait fait engager confidentiellement les notaires de Paris à retirer les panonceaux accrochés à leur porte.

Je fus témoin, un soir, sur le boulevard des Italiens, aux environs de Tortoni, d'une scène assez divertissante qui prouve l'état des esprits et démontre avec quelle indulgence, pour ne dire plus, on accueillait toute accusation contre le Gouvernement. Sur un banc, près d'un candélabre, un jeune homme était monté et parlait à un groupe de promeneurs arrêtés qui, de plus en plus, s'épaississait autour de lui. Je le reconnus; c'était un homme de lettres qui écrivait alors dans les petits journaux réactionnaires. Debout et dominant la foule, il tenait entre le pouce et l'index une pièce d'or de vingt francs; il la montrait aux badauds attroupés et criait d'une voix vibrante : « La voilà! c'est la dernière! on a fouillé les caves dela Banque de France, on a fouillé les réserves du Trésor, on a fouillé la caisse de M. de Rothschild, on a fouillé les poches de tous les représentants, de tous les ministres, de tous les membres de la commission, pour en trouver une, et on ne l'a pas trouvée ! Celle-ci — la dernière ! — arrive en droite ligne du Pérou ; c'est un sou pour la voir, deux sous pour la toucher ! — on paye en entrant ; dépêchez-vous, dans une minute il sera trop tard ; elle ne sera plus ! le Gouvernement, sur la demande du ministre des finances, fait battre le rappel et rassembler la force publique pour venir s'en emparer ; le ministère la veut pour acheter une constitution toute faite et qui a déjà servi. La voilà ! la voilà ! c'est la dernière ; c'est l'instant, c'est le moment ! Un sou pour la voir ! deux sous pour la toucher ! » On riait, on battait des mains ; des gens du peuple regardaient sans colère et disaient : « C'est vrai ; comme l'argent est rare ! »

La population, du reste, était de fort bonne composition ; l'absence de travail lui faisait des loisirs, les ateliers nationaux lui fournissaient une paye qu'elle ne gagnait pas, et elle profitait de cela pour vaguer par les rues en chantant. Un jour, vers quatre heures, devant le passage de l'Opéra, une de ces bandes désœuvrées, composée d'ouvriers fainéants, de voyous sans casquette et de gamins en savates, passa, hurlant la *Marseillaise*. C'était une « manifestation » qui se rendait je ne sais où.

Un homme bien connu à Paris dans le monde des peintres et des gens de lettres, sorte de misanthrope un peu bossu, parfaitement bancal, spirituel, caustique, autoritaire et improductif, qui regardait défiler cette troupe bruyante, entra subitement en fureur et, se jetant au devant d'elle, il saisit par leur blouse deux des chanteurs, en leur criant : « Ça n'est pas vrai, on n'égorge pas vos compagnes ; les soldats ne sont pas féroces, ils ne mugissent pas ; vous n'avez pas de sillons, d'abord vous ne savez pas ce que c'est ; il n'y a pas de jour de gloire, il n'y a pas de tyrannie, il n'y a pas d'étendard sanglant ; il y a des campagnes, allez-y brouter ; vous êtes tous des imbéciles ! » Un groupe de promeneurs s'était lancé derrière lui pour le protéger au besoin ; ce fut inutile. La « manifestation » lui rit au nez; on se contenta de le traiter de vieux mannequin et l'on passa outre en reprenant le couplet qui l'avait exaspéré.

Il n'y avait pas de soirs où le boulevard ne fût le théâtre de scènes analogues; on s'en amusait ou l'on n'y faisait pas attention; la garde nationale n'avait jamais à y intervenir, car on les savait sans danger. Elle n'était plus sous le commandement de Courtais, qui nécessairement avait été destitué après son étrange conduite dans la journée du 15 mai. Il avait été remplacé par Clément Thomas, qui sut être à la fois énergique, conciliant, et paya franchement de sa personne quand il le fallut. C'était un choix exclusivement politique destiné à flatter les partis avancés, mais c'était un choix très-maladroit, car il pouvait désagréger ce qui restait de discipline dans l'armée. En effet, Clément Thomas était connu du parti républicain pour avoir été un des chefs de la conspiration de Lunéville. Le 16 avril 1834, de concert avec le comité de la *Société des droits de l'homme* qui s'agitait à Paris, et étant sous-officier de cavalerie, il avait tenté d'entraîner ses camarades à la révolte et de faire monter à cheval les quatrième, neuvième et dixième régiments de cuirassiers. Son entreprise avait échoué, grâce à la perspicacité des colonels, et il était de mauvais exemple, même en temps de révolution, d'appeler au grade de commandant général des gardes nationales de la Seine un homme qui s'était mis en rébellion ouverte contre la loi et l'honneur militaires.

Par une singulière coïncidence, qui ressemble à une application de la loi des réversibilités, le général Clément Thomas devait périr plus tard, misérablement et lâchement assassiné, le 18 mars 1871, sur les hauteurs de Montmartre, par la main de soldats et de gardes nationaux révoltés. C'était, en mai 1848, un homme d'une quarantaine d'années, de haute taille, de visage accentué, portant une longue barbe châtain clair et ayant bonne tournure, lorsqu'il était à cheval en grand uniforme.

Il ne nous épargnait pas les corvées ; celles-ci furent rendues plus fréquentes encore à partir du 29 mai ; ce jour-là commencèrent les rassemblements à la porte Saint-Denis et à la porte Saint-Martin, qui, se renouvelant tous les soirs, furent, en quelque sorte, la préface de l'insurrection de Juin. Deux groupes compactes se réunissaient vers sept heures du soir, sur le boulevard, à l'entrée du faubourg Saint-Martin. Il s'en échappait une rumeur rhythmée que l'on avait d'abord quelque peine à comprendre ; tous ces hommes, battant la mesure avec les pieds, répétaient à voix basse sur l'air du rappel : « Nous l'aurons ! nous l'aurons ! » — Quoi ? — La république démocratique et sociale. A un signal donné, ce bourdonnement se taisait ; puis, à pleins poumons, tout le monde criait en chœur : « Vive Barbès ! » Lorsqu'une patrouille s'approchait d'un groupe, elle était accueillie par des vociférations : « A bas les bourgeois ! A bas les aristos ! » C'est contre ce tumulte que l'on nous faisait marcher.

On nous convoquait individuellement par lettre de service ; vers quatre heures, nous partions, passant par les rues, pour nous rendre à une sorte de quartier général que l'on avait établi dans les entrepôts de la douane, près du canal. Là, entrés dans l'immense hangar, on formait les faisceaux et l'on attendait. Nous nous rencontrions toujours avec un bataillon d'une autre légion, et l'on fraternisait, c'est-à-dire que ceux d'entre nous qui aimaient à boire échangeaient avec « les camarades » un bon nombre de petits verres d'eau-de-vie que l'on puisait aux tonnelets de nos cantinières.

Un jour, « la brave première » fraternisa avec « la brave onzième », dont le détachement était commandé par Edgar Quinet, qui était lieutenant-colonel. On offrit à celui-ci un verre plein, qu'il accepta sans défiance; il trinqua avec un de nos sergents dont la face colorée indiquait les habitudes peu frugales, et but; à peine la forte liqueur eut-elle touché ses lèvres, qu'il fit une abominable grimace, cracha avec dégoût, et, comme un incendié, cria: « De l'eau! de l'eau! » On lui en apporta; il se rinça la bouche, et, avec une naïveté charmante, demanda : « Mais qu'est-ce que c'est donc que cette horrible boisson ? — C'est de l'eau-de-vie ! — Ah ! c'est de l'eau-de-vie ; je n'en avais jamais bu. » Le sergent le regarda avec des yeux effarés et dit : « Un colonel qui n'a jamais bu d'eau-de-vie, c'est ça qui est drôle ! »

Vers sept heures du soir, on battait un roulement, les compagnies se formaient, le bataillon se rassemblait et l'on se mettait en marche ; on gagnait le boulevard, ayant bien soin de prendre le côté où les groupes ne stationnaient pas, afin d'éviter tout contact, toute chance de collision avec eux, et l'on allait s'établir, en rang et l'arme au pied, à l'entrée de la rue Saint-Denis. Des huées et des sifflets nous saluaient au passage. Parfois même l'on nous lançait des pierres ; pour ma part, j'en ai reçu une à la cheville, dont le choc fut si violent que j'en boitai pendant plusieurs jours. Nous restions impassibles, nous d'un côté du boulevard, les rassemblements de l'autre, la chaussée entre nous. C'était fastidieux. Nos officiers se promenaient devant le front de bandière, le sabre sous le bras, causant avec nous, regardant l'heure, sifflotant une fanfare de chasse d'un air ennuyé et paraissant un peu honteux du rôle inutile auquel on nous réduisait, en nous exposant face à face avec des perturbateurs dont nous devions supporter les insultes avec une passivité plus que résignée.

Cela durait plus ou moins longtemps, selon que l'air était plus ou moins doux; c'était vite fini lorsqu'il faisait froid ou qu'il tombait quelques gouttes d'eau; mais, quand le ciel était pur et l'atmosphère tiède, le jour s'éteignait, la nuit enveloppait la ville, que nous étions encore là, à la même place et dans le même ennui. Peu à peu les groupes se disloquaient d'eux-mêmes, diminuaient, s'éparpillaient; sur la chaussée et les trottoirs, il ne restait plus que quelques curieux attardés. C'était le moment où nous opérions notre retraite. J'ai entendu dire et j'ai lu que ces rassemblements étaient régulièrement dissipés par la garde nationale. Le fait a pu se produire, mais je n'en ai jamais été témoin;

j'ai été sur ce terrain de désordre six ou sept fois au moins, et l'on s'est toujours contenté d'être fort injurieux d'une part et tout à fait silencieux de l'autre, à distance respectueuse.

Un soir qu'il avait fait très-chaud et que les groupes psalmodiant leur sempiternel : « Nous l'aurons! » ne s'étaient désagrégés que fort tard, nous parcourûmes, comme une énorme patrouille, toute la rue Saint-Denis, pour rentrer dans nos quartiers en passant par les quais, où nous n'avions rien à voir que le miroitement des becs de gaz qui se reflétaient dans la Seine. Nous marchions de manière à occuper toute la largeur de la rue, lorsque nous vîmes de loin un homme qui accourait vers nous. Large, dans une redingote flottante, trapu, raffermissant son chapeau qu'une forêt de cheveux bouclés semblaient s'efforcer de jeter par terre, il allait aussi vite que le lui permettaient ses fortes épaules et son gros ventre. Un homme qui court doit être dangereux, tel est le raisonnement de toute « baïonnette intelligente. ». On l'arrêta; il était essoufflé, tenait sa cravate à la main et ruisselait de sueur. Il se nomma d'une voix anhélante! et nous restâmes confus, tout en éclatant de rire. Nous avions fait une belle équipée! Nous venions d'arrêter le plus haut fonctionnaire attaché à la commission exécutive, représentant du peuple par-dessus le marché, ayant obtenu 136 117 suffrages à Paris.

Il s'élançait ainsi, seul, à minuit, pour voir par lui-même ce qui se passait, à neuf heures du soir, entre la porte Saint-Denis et la porte Saint-Martin; comme le kalife Haroun-al-Raschid, il ne s'en rapportait qu'à ses propres yeux. Nous lâchâmes avec forces excuses cet homme d'État vigilant, mais tardigrade, et il reprit sa course. L'un de nous eut assez peu de charité pour lui crier : « Vous avez le temps, n'allez pas si vite! ça ne recommencera que demain. »

Un nouvel élément de troubles apparut bientôt dans notre ville déjà si troublée : les élections complémentaires allaient avoir lieu. Elles étaient fixées aux premiers jours de juin; Paris avait onze députés à choisir; un nom, celui du prince Louis-Napoléon Bonaparte, qui se produisait régulièrement pour la première fois, devait servir de prétexte à des manifestations turbulentes où la garde nationale eût encore à faire prévaloir son intervention pacifique.

XII

LES ATELIERS NATIONAUX.

Les élections complémentaires. — Les frères ennemis. — Élection du prince Louis-Napoléon. — Lois de proscription de 1816 et 1832. — Vive Napoléon, à bas Thiers ! — MM. Crémieux et Jules Favre. — Prétexte à de nouveaux troubles. — La générale. — Le rassemblement sur la place de la Concorde. — « Chargez-moi cette canaille ! » — Attentat contre le général Clément Thomas. — Collision personnelle. — Je compromets les mouvements militaires. — Comment on écrit l'histoire. — La place de la Concorde est déblayée. — Une semonce. — La question des ateliers nationaux. — Inquiétude motivée. — Accroissement extraordinaire. — Travail illusoire. — 300 000 francs par jour. — Illégalité. — Comment la commission exécutive respectait la liberté individuelle. — Agir révolutionnairement. — Un mot de Gœthe. — Le décret du 25 février. — On hâte l'heure du combat. — Michel Goudchaux. — Conditions imposées aux ateliers nationaux. — Mise en demeure.

Les élections complémentaires de Paris, dont le résultat fut officiellement proclamé le 8 juin, furent très-curieuses, car elles présageaient l'avenir avec certitude. La République modérée sombrait ; elle n'était représentée que par Goudchaux, très-honnête médiocrité financière. Les deux partis qui s'étaient disputé les suffrages symbolisaient l'ordre à outrance et le désordre quand même : d'un côté, Moreau, Changarnier, Thiers, Boissel, Louis Bonaparte, Victor Hugo, qui, à cette époque, était ultra-conservateur ; de l'autre, Caussidière et Lagrange, républicains des sociétés secrètes, Pierre Leroux et Proudhon, engagés dans les utopies socialistes les plus avancées. Deux intérêts, deux opinions, disons le mot, deux ennemis, se trouvaient en présence et allaient engager cette longue, aveugle et violente bataille parlementaire, qui ne devait prendre fin qu'au 2 décembre 1851.

Le nom de Louis-Napoléon, choisi par trois départements — Seine, Yonne, Charente-Inférieure, — soulevait une fort grosse question législative. Le prince Louis, connu par l'échauffourée de Strasbourg, par le coup de main de Boulogne-sur-Mer, par sa spirituelle évasion du fort de Ham, sous les vêtements du maçon Badinguet, héritier de l'empereur Napoléon, était, par le fait même de sa naissance et par ses tentatives, plus qu'un candidat, plus qu'un représentant du peuple, c'était un prétendant. Les lois de proscription votées contre sa famille en 1816 et en 1832 étaient-elles abrogées par la révolution de Février ? devaient-elles être invoquées exclusivement contre lui, lorsqu'elles semblaient virtuellement mises à néant par l'élection non contestée du prince Napoléon Jérôme, d'un fils de Lucien et de Joachim Murat ?

Une partie de l'Assemblée était très-hostile au prince Louis, et par esprit d'opposition les perturbateurs quotidiens du boulevard Saint-Denis le prirent sous leur patronage ; chaque soir, aux cris de : « Vive Barbès ! » on ajoutait ceux de « Vive Napoléon ! et d'A bas Thiers ! » car l'auteur des lois de septembre avait le don d'exaspérer alors tout le parti républicain, qui voyait en lui le chef désigné des réactions prochaines. La question de savoir si l'élection du prince Louis serait ou ne serait pas validée, si les lois de proscription édictées sous Louis XVIII et sous Louis-Philippe lui seraient rigoureusement appliquées, fut portée devant l'Assemblée ; les « plaidoiries » de MM. Crémieux et Jules Favre obtinrent l'admission pure et simple du candidat contesté, malgré l'opposition très-énergique de Ledru-Rollin parlant au nom de la commission exécutive.

Les choses s'étaient passées sans trop de violence dans l'enceinte de l'Assemblée ; mais il n'en fut pas de même dans la rue ; des bandes d'incorrigibles, prenant prétexte de tout pour fomenter et entretenir l'agitation publique, avaient naturellement profité de la circonstance et s'étaient réunies aux environs du Corps législatif pour peser sur les décisions des représentants et peut-être même — a-t-on dit — pour renouveler la criminelle sottise du 15 mai. C'était le 12 juin, un lundi, si mes souvenirs ne me trompent pas ; ce jour-là on devait prendre parti à la Chambre sur l'élection du prince Louis. J'avais vu de mes fenêtres un grand nombre d'individus, marchant isolément ou par groupes peu compactes, se diriger vers la place de la Concorde, par la rue Royale, mais je ne m'en étais point préoccupé, car ce spectacle se renouvelait si fréquemment que l'on n'y faisait plus attention.

Vers trois heures et demie, le bruit du tambour éclata de tous côtés ; ce n'était pas le rappel, cette fois, c'était la générale ; elle sonnait lugubrement, battue par dix tambours escortés d'un peloton de gardes nationaux armés. On ne fut pas long à courir à son poste ; une demi-heure après, notre légion, massée sur la place de la Madeleine, était prête à se porter aux points désignés.

Nous n'attendîmes pas longtemps et nous n'eûmes pas loin à aller. Nous étions à proximité ; on nous utilisa immédiatement ; le hasard nous avait placés à la tête du mouvement et nous restâmes constamment en contact direct avec la foule. En passant par la rue Royale, nous pénétrâmes sur la place de la Concorde. La dixième légion ayant débouché par le pont, ayant étendu ses ailes sur les quais des Tuileries et de la Conférence, barrait l'issue de la place et protégeait les abords de l'Assemblée nationale ; nous arrivions par l'autre extrémité, mais entre nos « camarades » du faubourg Saint-Germain et nous bruissait une foule énorme, criant, agitant des chapeaux, sans armes apparentes, mais manifestement exaspérée.

Le général Clément Thomas, à la tête de son état-major, sortit au galop de la rue Saint-Florentin et se dirigea vers nous. Son arrivée en face de la foule fut accueillie par une bordée de sifflets et d'injures. Il était très-pâle ; il se tourna vers nous et cria, en faisant un geste violent de la main : « Chargez-moi cette canaille ! » Depuis, il a nié le mot ; je le regrette, car je l'ai entendu.

La « charge » que nous exécutâmes ne fut pas très-meurtrière. On réunit nos bataillons côte à côte, et, développés dans toute la largeur qu'ils comportaient, nous marchâmes devant nous, sans tambour, au petit pas, l'arme au bras et ayant reçu l'ordre de ne quitter les rangs sous quelque prétexte que ce fût. La foule reculait devant nous, si lentement, que l'on se marchait littéralement sur les pieds. On a dit que toute cette masse d'hommes et de gamins qui grouillait sur la place criait : « Vive l'empereur ! » Cela est possible ; mais sur toute la ligne que j'ai eu à parcourir, je n'ai rien entendu d'analogue ; les vociférations qui ont frappé mon oreille, je les connaissais; on ne nous les avait pas épargnées au boulevard Saint-Martin : « Vive Napoléon ! A bas les aristos ! A bas la commission ! Vive Barbès ! » Un bruit se répandit et parcourut rapidement nos rangs : on venait de tirer un coup de pistolet sur le général Clément Thomas. Nous ne l'apprîmes que par ouï-dire, car l'attentat avait été commis aux environs de la grille des Tuileries, et notre évolution nous faisait passer entre l'obélisque et les Champs-Élysées.

Parmi la masse que nous refoulions et dont nous supportions les invectives avec un calme qui n'exigeait pas grand effort, un groupe se distinguait par son animation. Il paraissait obéir à un jeune homme blond, petit, rondelet, à face poupine, assez convenablement vêtu et coiffé d'un chapeau gris. Il était précisément en face de moi et j'avais parfois répondu par quelques plaisanteries aux insultes qu'il m'adressait. Subitement, il se jeta sur moi, me tira la moustache et me traita irrévérencieusement de grand flandrin. — Grand flandrin ! J'en pris mon parti ; — mais on m'avait porté la main au visage, on m'avait causé une sensation très-douloureuse ; j'oubliai l'ordre réitéré de ne pas quitter les rangs et je me lançai vers mon agresseur pour le saisir au collet ; il se précipita dans son groupe qui se referma sur lui et sur moi. Ma compagnie fit un mouvement pour me dégager, le bataillon suivit machinalement la compagnie, la légion se garda bien de ne pas imiter le bataillon, et voilà toute notre ligne en fluctuation, ondulant à droite et à gauche, ouvrant le centre, découvrant les ailes et faisant la plus piteuse manœuvre que l'on puisse imaginer.

La foule se mit à fuir. J'avais repris mon rang ; nos officiers, à grands éclats de voix, nous remirent à peu près en ordre. Le commandant était furieux contre moi ; il me dit que je compromettais les mouvements militaires, et qu'il ferait son rapport au colonel. Nous étions très-philosophes en telle matière, et mon émotion n'eut rien d'excessif. Un mauvais plaisant se mêla de l'affaire ; comme on lui demandait ce qu'il y avait, il répondit : « Ce n'est rien ; on va seulement fusiller le numéro Deux, — le numéro Deux, c'était mon surnom familier, — à cause de son indiscipline. » De proche en proche, de bouche en bouche, cette drôlerie fut répétée et le soir, dans tout Paris, on racontait que l'on avait fusillé un garde national récalcitrant, après jugement sommaire, sur place et pour l'exemple. En parcourant les journaux de l'époque, on retrouverait trace de cette belle invention, car c'est ainsi que l'on écrit l'histoire.

Malgré « les mouvements militaires que j'avais compromis », nous manœuvrâmes de telle sorte que nous finîmes par faire notre jonction, près du cours la Reine, avec la dixième légion ; nos troupes formaient alors un angle immense dont le sommet touchait au pont de la Concorde, et dont les côtés longeaient les Tuileries et les Champs-Élysées ; nous fîmes alors une évolution inverse à celle qui nous avait amenés jusqu'à ce point, et nous repoussâmes tous les groupes de façon à les forcer de s'écouler par la rue de Rivoli et par la rue Royale. Vers six heures du soir la place était complétement déblayée. A cheval devant l'obélisque, le général Clément Thomas regardait d'un air satisfait le résultat pacifique de ses dispositions.

On nous conduisit au palais de l'Élysée, où l'on nous garda une partie de la soirée, comme réserve et dans le cas où les troubles se seraient renouvelés. Le commandant m'avait tenu parole et avait fait son rapport verbal au colonel. Je dus sortir des rangs seul, m'arrêter devant M. Victor de Tracy qui, avec une bonhomie un peu embarassée, me fit une semonce que j'acceptai sans mot dire. La discipline militaire était satisfaite.

L'incarcération de Barbès à Vincennes, la nomination de Thiers comme représentant, l'élection multiple du prince Louis-Napoléon, tout concourait à enfiévrer une population qui avait désappris le travail et se plaisait aux tumultueux conciliabules de la rue. Nulle cause sérieuse de trouble n'existait cependant; toutes les émotions de surface que l'on exploitait n'étaient que des prétextes qui ne supportaient même pas l'examen, et il est fort probable que l'on eût évité l'insurrection de juin si la question des ateliers nationaux, imprudemment créés aux premières heures de la révolution de Février, n'avait compliqué la situation d'une façon tellement redoutable, que l'on n'en put sortir que par la violence.

Les ateliers nationaux étaient devenus la plaie de Paris qu'ils démoralisaient et l'incessante préoccupation des représentants, qui voulaient s'en débarrasser quand même, tout de suite, au besoin par la force. Tout le monde s'en plaignait : les patrons, qui voyaient la ruine menacer leurs ateliers désertés ; — le ministre des finances, dont on épuisait les caisses à peu près vides pour payer les loisirs de tant de fainéants ; — le préfet de police, qui regardait avec inquiétude cette armée toute organisée pour l'émeute ; — la garde nationale, qui se demandait si un jour elle ne serait pas anéantie par « une poussée » de cette multitude.

Ils n'étaient fermés pour personne, ces bienheureux ateliers nationaux. Être payé pour n'avoir rien à faire, c'était là une tentation à laquelle il était difficile de résister; presque tous les portiers de Paris en faisaient partie et s'y rencontraient avec beaucoup de flâneurs venus de province. Il est certain qu'il eût mieux valu repousser toute organisation semblable, ne pas faire de l'État un distributeur de secours à peine déguisés, ne pas encourager la paresse, ne pas enlever à l'industrie privée la plupart des bras dont elle a besoin pour subsister; mais puisque la sottise avait été faite, qu'elle pesait avec des conséquences de plus en plus lourdes, au moins fallait-il chercher à l'utiliser.

Dans une ville comme Paris, il ne manque jamais de travaux indispensables à exécuter, et l'on pouvait croire que le Gouvernement saurait employer convenablement cette foule qui augmentait chaque jour dans des proportions extraordinaires, et dont voici la preuve : le 6 mars, un rapport du directeur estime les ouvriers présents au chiffre de huit à dix mille; le 20 juin, M. Léon Faucher en compte 120,000 et constate 50,000 demandes d'admission. Au lieu d'imposer à ces hommes un travail honorable pour eux et profitable à la ville, on les lâcha dans le champ de Mars avec des louchets, des pioches, des brouettes et on leur fit détruire les talus élevés jadis au jour de la fédération. Les ouvriers, eux-mêmes, se sentaient humiliés d'un tel labeur, si profondément dérisoire ; ils l'abandonnaient sans scrupule et remplissaient les cabarets où l'on causait politique. La paye seule de ces brigades de « travailleurs », comme l'on disait en ce temps-là, exigeait près de 300 000 francs par jour, à un moment où l'on ne savait de quel chanvre faire corde pour se procurer l'argent indispensable au mécanisme administratif.

Les ateliers nationaux, créés en dépit de toute loi, semblaient dirigés en dépit de tout règlement. Dans notre monde social, enveloppé d'un réseau de prescriptions et d'ordonnances très-prévoyantes, ils étaient comme une superfétation parasite ayant sa vie propre, ses habitudes spéciales, échappant aux coutumes régulières et au droit commun. Leur directeur, M. Émile Thomas, avait été inopinément enlevé et conduit à Bordeaux, entre deux agents de l'autorité. Trois mois après la révolution de Février, voilà comment les hommes du Gouvernement respectaient la liberté individuelle. Se mettre au-dessus de toute légalité et de toute équité, être assez ignorant pour ne savoir trouver dans l'arsenal de nos lois une arme justifiée, invoquer la prétendue raison d'État pour entrer de plain-pied dans l'arbitraire, se croire omnipotent et faire acte d'omnipotence, n'écouter que les suggestions d'une vanité exaspérée, remplacer tous les conseils du devoir et de l'honneur par l'infatuation de soi-même, revenir, sans sourciller, aux œuvres les plus néfastes de la monarchie absolue, c'est ce que l'on appelle « agir révolutionnairement ». En fait, c'est prouver une grande faiblesse d'esprit, des instincts tyranniques et un mépris radical pour toutes les doctrines que l'on a préconisées lorsque l'on n'était pas au pouvoir ; — aucune révolution ne nous a épargné ces misères-là, qui font comprendre le mot cruel de Gœthe : « les apôtres de la liberté me sont antipathiques, car ce qu'ils finissent toujours par chercher, c'est le droit pour eux à l'arbitraire. »

L'arrestation inqualifiable de M. Émile Thomas ne remédiait à rien ; on lui nomma un successeur qui fut impuissant, car il se trouvait en présence du chaos, et le chaos n'est point facile à débrouiller. Cependant l'Assemblée s'impatientait ; les opinions les plus opposées s'entendaient fort bien et se mettaient facilement d'accord, lorsque l'on venait à parler de ce danger que les maîtres de l'Hôtel de ville avaient suspendu, comme à plaisir, au-dessus de la civilisation tout entière, lorsqu'ils avaient rendu le célèbre décret du 25 février : « Le gouvernement provisoire de la République française s'engage à garantir l'existence de l'ouvrier par le travail ; — il s'engage à garantir du travail à tous les citoyens. »

On savait, du reste, qu'un prétendu banquet populaire, organisé pour la fin de juin ou le commencement de juillet, et qui devait se tenir dans l'avenue de Vincennes, n'était qu'une revue des troupes prêtes pour l'émeute ; on savait que des cartouches avaient été distribuées aux souscripteurs, et que l'on comptait bien réussir à délivrér Barbès. — Que faire ? — Interdire le banquet ; franchement, c'était difficile après le banquet prohibé qui avait amené les journées de février. On se résolut alors, — je le tiens de Michel Goudchaux, qui fut un des acteurs parlementaires de ce drame où la garde nationale eut à remplir un personnage plus difficile que celui d'orateur, — on se résolut à hâter la dissolution des ateliers nationaux, afin d'engager immédiatement le combat et de vaincre l'armée insurrectionnelle avant qu'elle ne fût complétement organisée. Ce froid calcul a-t-il été conçu ? Je n'en parle que sur l'autorité que j'ai citée ; Goudchaux était un homme fort honorable, mais peut-être ses souvenirs l'ont-ils mal servi, et lui-même s'est-il exagéré le côté politique de la mesure impérieusement exigée par l'opinion générale. Je crois qu'il y eut moins de machiavélisme en tout ceci ; l'exaspération universelle suffisait à aveugler les intelligences et à pousser aux rigueurs périlleuses : « Il faut que les ateliers nationaux disparaissent, » disait Goudchaux ; « Oui, il faut en finir, » ajoutait M. de Falloux[1].

Quoi qu'il en soit des motifs secrets qui ont dirigé les conseils de la commission exécutive, du ministère et de l'Assemblée, la question se posait avec une lucidité qui ne laissait prise à aucun doute : le Gouvernement voulait dissoudre les ateliers nationaux, les ateliers nationaux ne voulaient pas se laisser dissoudre. On rassembla les chefs de brigade et on leur signifia — que des escouades d'ouvriers seraient envoyées en province, notamment en Sologne, pour exécuter des travaux de défrichements ; — que les patrons d'industrie auraient la faculté de requérir les artisans

[1]. Je trouve dans les *Mémoires posthumes* d'Odilon Barrot. t. II, p. 254, une confirmation implicite de ce fait : « On a essayé de jeter sur ceux qui avaient conseillé et pressé la dissolution immédiate de ces ateliers la responsabilité des journées de juin ; ils sont tout au plus responsables de la précipitation de l'attaque, et cette responsabilité est légère, car cette attaque aurait eu lieu plus tard infailliblement dans des conditions bien autrement formidables. »

dont ils auraient besoin ; — que tous les ouvriers âgés de dix-huit à vingt-cinq ans seraient incorporés dans l'armée ; — que toute paye serait supprimée aux ouvriers qui ne justifieraient pas d'un séjour préalable de six mois à Paris. Ces conditions étaient draconiennes, et c'est parce que M. Émile Thomas avait énergiquement refusé d'y soumettre le personnel des ateliers nationaux qu'il avait été expédié hors de Paris, en vertu d'une lettre de cachet ministérielle.

Le gouvernement provisoire avait légué au pays cet insupportable problème ; on allait le résoudre dans le sang et faire à la République une blessure dont celle-ci devait mourir après une maladie de langueur. Mis en demeure de subir les ordres de la commission exécutive ou de renoncer à cette paye, qu'aux premiers jours on les avait pour ainsi dire sollicités de recevoir, les ouvriers n'hésitèrent pas ; ils en appelèrent aux armes et coururent les risques d'une bataille. Le 21 juin 1848, on leur prescrivit d'avoir à se préparer à obéir ; deux jours après l'insurrection éclatait.

XIII

DU PAIN OU DU PLOMB !

Le 22 juin. — La rue Saint-Jacques. — Deux mille hommes. — Place du Panthéon. — Discours. — Le rendez-vous pour la bataille. — Le rappel. — Notre quartier général. — La moitié de Paris est au pouvoir de l'insurrection. — Les premiers blessés. — Quatre légions passent aux insurgés. — Les représentants Bixio et Dornès. — La journée du 23. — Énervement. — La garde mobile. — Rencontre du général Cavaignac. — Une patrouille. — Expédition manquée. — La matinée du 24. — Le bruit du canon. — Ecroulement de la commission exécutive. — Les pleins pouvoirs sont déférés au général Cavaignac. — L'état de siége. — Départ pour le combat.

Le 22 juin était un jeudi; nous étions aux plus courtes nuits de l'année, à cette belle période du solstice d'été, où le soleil longtemps visible sur notre horizon fait songer aux feux de la Saint-Jean et aux fêtes d'Apollon. Ce jour-là, j'avais été dîner à la campagne. Je revins à neuf heures et demie du soir par le chemin de fer de Sceaux. La nuit était fort belle, et au lieu de prendre une voiture pour rentrer chez moi, je me décidai à faire la route à pied en passant par le quartier Latin, que j'étais encore assez jeune pour parcourir avec plaisir, car il me rappelait que j'étais délivré de l'apprentissage scolaire qui m'avait énervé et peu instruit pendant dix ans.

J'avais franchi l'étroite limite qui sépare le faubourg de la rue Saint-Jacques ; j'allais devant moi regardant des boutiques bien connues, souriant devant l'échoppe de la mère Mansu, où nous vendions nos dictionnaires grecs, me remémorant mille vieux et désagréables souvenirs de ma vie de collége, lorsque je m'arrêtai dressant l'oreille. Un bruit singulier montait des profondeurs de la rue Saint-Jacques, noyée d'obscurité ; c'était une sorte de mélopée sourde qui reproduisait toujours les mêmes notes graves, en mineur, d'une incomparable tristesse. Des gens inquiets sortaient des maisons et, comme moi, tâchaient de pénétrer l'ombre épaisse qui enveloppait le bas de la rue, d'où sortait cette étrange rumeur.

Notre incertitude fut bientôt dissipée. Une bande d'hommes, — deux mille au moins — marchant trois par trois, gravissaient les méandres escarpés de la rue Saint-Jacques. Sur leur passage, toutes les boutiques se fermaient et des têtes effarées apparaissaient aux fenêtres ; ils n'y faisaient pas attention. Ils avançaient en bon ordre, un peu penchés en avant, sans armes, et marquant le pas. Tous, sans cris ni clameurs, ils répétaient la même phrase, à demi-voix, sur un mode lugubre : « Du pain ou du plomb ! Du pain ou du plomb ! » C'était sinistre et réellement saisissant. « Qu'est-ce donc ? demandai-je à une vieille femme arrêtée près de moi. — Ah ! ce que c'est, répondit-elle, Seigneur Dieu ! c'est du malheur qu'on prépare pour le pauvre monde ! »

Des curieux côtoyaient cette troupe ; je me mêlai à eux pour la suivre ; on interrogeait ces hommes ; on leur disait : » Où allez-vous ? que voulez-vous ? » Nul ne répondait ; et toujours : « Du pain ou du plomb ! Du pain ou du plomb ! » La bande tourna par la rue Soufflot et s'engagea en ligne droite sur la place du Panthéon. Une voix cria : Halte ! Tout le monde s'arrêta, et un grand silence se fit ; puis une seule clameur : « Vive la sociale ! » La voix reprit : « Formez le cercle ! » La tête et la queue de ce long serpent se rapprochèrent, faisant face au centre qui restait libre. Cinq ou six torches furent allumées ; on apporta une table, un homme monta dessus, et parla.

Ce qu'il dit, je l'ignore ; pas un mot de son discours n'est venu jusqu'à moi ; je m'étais tant bien que mal juché sur la base d'une des colonnes qui accostent la porte de l'École de droit ; je voyais bien, mais j'étais trop loin pour pouvoir entendre. Parfois des cris interrompaient l'orateur : « Oui ! oui ! c'est cela ! » Lorsqu'il eut terminé son discours, une immense acclamation retentit ; on criait une phrase complète qui paraissait convenue d'avance ; je n'en pus distinguer que les trois derniers mots : « Ou la mort ! » On éteignit les torches ; le cercle fut rompu, et la bande se divisa en plusieurs tronçons qui s'éloignèrent, chacun de son côté, en chantant l'air des *Girondins* : « Mourir pour la patrie! » Ces hommes venaient de prendre rendez-vous pour le lendemain, et ils se croyaient en cas de légitime défense, car aucun d'eux n'aurait pu admettre que, si l'État a pour mission de pourvoir à la sécurité générale, il ne doit point subvenir aux besoins particuliers.

Je me hâtai de rejoindre mon quartier que je trouvai fort paisible; quelques promeneurs arpentaient le boulevard, les marchands de journaux annonçaient leurs denrées, tout était normal et nul ne semblait soupçonner les œuvres malsaines que l'on préparait dans un autre coin de la ville. Je ne dormis que d'un œil, comme l'on dit, car j'étais convaincu que nous serions appelés au milieu de la nuit pour aller prendre nos postes de combat, et nous opposer à la construction des barricades. Le jour se leva, grandit; les rumeurs matinales bruirent dans les rues; la place de la Madeleine se réveilla sans que son sommeil eût été troublé par les éclats du tambour.

Vers neuf heures un de mes amis vint me voir ; il arrivait d'Enghien et me dit qu'il avait rencontré un tambour qui, seul et sans escorte, battait le rappel aux environs du clos Saint-Lazare ; les rues excentriques où il avait passé lui avaient semblé mornes et — ce fut son mot — prêtes à commettre de mauvaises actions. A midi seulement le son du tambour nous convoqua ; je savais, cette fois, que je ne rentrerais pas sans avoir été à la bataille, que celle-ci pouvait durer longtemps et que je resterais, sans doute, plusieurs jours hors de chez moi ; je pris mes précautions en conséquence, je mis quelque argent dans ma poche, des cartouches dans ma giberne, du linge de rechange dans mon sac et je partis. Quoique fort nombreuse encore, notre compagnie était moins compacte que d'habitude ; car, à Paris comme ailleurs, il y a des gens qui poussent la prudence jusqu'à l'excès.

Dès que notre bataillon fut rassemblé, il fut dirigé sur le ministère des affaires étrangères qui, si souvent déjà depuis la prise d'armes du 16 avril, nous avait servi de quartier général. Vers deux ou trois heures, nous apprîmes que le combat était engagé. A quatre heures, quelques agents de change qui appartenaient à notre compagnie vinrent, après la bourse, prendre leur service, et nous racontèrent que la moitié de Paris, c'est-à-dire tout le demi-cercle compris entre la barrière Rochechouart et la barrière du Maine, était au pouvoir de l'insurrection ; que l'on se battait dans le quartier Latin, au Marais, aux faubourgs Saint-Antoine, Saint-Martin et Saint-Denis ; que la seconde légion, très-imprudemment engagée, avait beaucoup souffert ; que l'on ne savait trop encore quelle confiance on pouvait avoir dans la garde mobile, et que la direction des opérations militaires était confiée au général Cavaignac, qui, alors, était ministre de la guerre.

Vers cinq heures, quelques blessés transportés sur des brancards passèrent devant notre poste ; la plupart venaient de la rue Culture-Sainte-Catherine. Plus la journée avançait, plus les nouvelles devenaient alarmantes : la neuvième, la douzième, la onzième, la huitième légion, faisaient cause commune avec les insurgés et leur apportaient un très-important contingent. Bixio et Dornès, représentants du peuple, le général Bedeau, avaient été blessés; Paris était presque complétement dégarni de troupes régulières; on disait que les munitions commençaient à s'épuiser, et l'on s'étonnait que l'Assemblée nationale ne proclamât pas l'état de siége. Comme en toute circonstance analogue, les alarmistes ne manquaient pas; mais il faut avouer, cette fois, qu'ils touchaient la vérité d'assez près.

Toute cette journée du 23, nous la passâmes dans le ministère des affaires étrangères, allant de la cour au jardin, du jardin à la cour, tournant sur place, inquiets, énervés de notre inaction forcée, interrogeant les passants que nous interpellions et qui ne savaient rien nous répondre, sinon que l'on se battait un peu partout. Ce sont peut-être là les heures les plus lentes et les plus lourdes que j'aie vécues, piétinant sur moi-même, honteux de me sentir inutilisé, et me demandant si notre tour n'allait pas bientôt venir.

Le soir on nous apprit que le premier bataillon de notre légion avait « donné » aux environs du clos Saint-Lazare, sans que l'on pût préciser exactement l'endroit; il y avait eu des morts et des blessés; parmi ces derniers on citait MM. Desmarest et Pierre de Rémusat; une bonne nouvelle nous arriva : la garde mobile, très-habilement compromise par Lamoricière, était héroïque et combattait comme une troupe d'élite; on ajoutait que des renforts avaient été demandés par le télégraphe à toutes les provinces voisines de Paris et qu'on les attendait le lendemain ou le surlendemain; on annonçait aussi que l'Assemblée nationale s'était déclarée en permanence, ce qui ne nous parut que d'un médiocre intérêt.

Le soir venu, on leva la consigne rigoureuse qui nous avait empêchés de sortir, et nous pûmes marcher sur le boulevard; nous nous étions fixé un périmètre de deux cents pas environ que nous ne franchissions jamais, afin d'être prêts à accourir au premier appel. Des voitures des équipages du train passaient lourdement sur la chaussée en ébranlant les vitres; elles portaient aux soldats de la nourriture et des munitions. Entre neuf et dix heures nous vîmes venir un groupe assez nombreux de cavaliers escortant un officier général qui le précédait de quelques pas. C'était Cavaignac; il s'arrêta, descendit de cheval et se promena au milieu de nous, avec ce dandinement de droite à gauche qui lui était particulier.

Il fut très-sincère, et, sans nous avouer qu'il était inquiet, il laissa voir que la situation lui paraissait grave. « Nous en viendrons à bout, mes enfants, nous disait-il, mais il faudra un gros effort; la garde nationale se conduit très-bien, vos camarades ont fait le coup de feu aujourd'hui comme de vieux troupiers; j'ai demandé des régiments, ils vont arriver; avec les hommes que j'attends, les petits mobiles et vos légions, nous mettrons ces gaillards-là à la raison; un peu de patience, un peu de fermeté, et tout ira bien. » Un de nous lui demanda : « Pourquoi ne proclame-t-on pas l'état de siége? » Il répondit : « Parce que ce n'est pas mon affaire; cela regarde l'Assemblée nationale. » Il échangea quelques poignées de main avec nous, remonta à cheval et s'éloigna au petit pas. Nous apprîmes plus tard qu'il revenait alors du faubourg du Temple, où il avait enlevé, malgré une résistance furieuse, la formidable barricade qui se dressait à l'entrée de la rue Saint-Maur et que défendaient les anciens montagnards de Caussidière.

Vers onze heures du soir, un ordre fut transmis au commandant de notre bataillon; il réunit tous les tambours, leur donna une centaine d'hommes d'escorte, et nous partîmes pour parcourir tout le quartier afin de solliciter les retardataires par le son de la générale, qui vibrait d'une façon sinistre au milieu des rues désertes. Beaucoup de bruit pour rien! Les appels désespérés du tambour ne nous amenèrent pas un seul homme de renfort, tous ceux qui n'avaient pas déserté le devoir avaient pris les armes dès le matin. Nous étions rentrés au poste depuis une heure à peu près, lorsque l'on demanda des gardes nationaux de bonne volonté pour faire une patrouille. Je me présentai, non point par esprit de zèle, mais parce que j'aimais mieux marcher par les rues que d'être enfermé au poste; nous n'avions rien pour nous étendre, pas de matelas, pas même la botte de paille réglementaire; je m'étais installé sur une marche d'escalier, et la douceur de ma couche ne m'engageait pas à être paresseux au lit.

Notre patrouille, commandée par un capitaine, était composée d'au moins trois cents hommes et divisée en trois pelotons; nous avions ordre de dissiper les attroupements, nous n'en vîmes pas; d'arrêter les individus armés, nous ne rencontrâmes personne. Cependant, rue du Rocher, nous faillîmes avoir une aventure; la rue confinait alors aux grands terrains vagues qui sont aujourd'hui le quartier de l'Europe, et il y existait un cabaret peint en rouge, orné d'une treille, fort mal famé et où se réunissait volontiers la population agglomérée dans les taudis de la petite Pologne. En arrivant près de ce bouge, nous entendîmes un bruit de voix parlant avec force. Nous crûmes aussitôt avoir mis la main sur un conciliabule d'insurgés ; mais, au lieu d'entourer la maison sur les quatre côtés, ce qui était facile puisqu'elle était isolée et que nous étions en nombre, on frappa benoîtement à la porte en criant d'ouvrir au nom de la loi.

Les voix se turent immédiatement ; on fut quelque temps à nous ouvrir, et lorsque nous pénétrâmes dans le cabaret, nous n'y trouvâmes qu'un vieux bonhomme fort ahuri. Les oiseaux étaient dénichés et avaient pris leur volée par une porte de derrière qui donnait sur ces sortes de talus couverts d'herbes, que les gens du quartier appelaient le Pâtis. Toutes les expéditions de la garde nationale étaient ordinairement conduites avec autant de sagacité. Nous fîmes le tour du parc Monceaux qui, on le sait, contenait l'administration des ateliers nationaux, et servait à ceux-ci de lieu de réunion. Nulle rumeur ne s'en échappait ; tout y sommeillait dans le silence et la nuit ; les grands massifs d'arbres se découpaient en noir sur le ciel obscur ; au loin, du côté des Batignolles, on entendait quelques tambours qui battaient la générale.

La journée du 24 se leva enfin, claire, charmante, avec de petites nuées blanches qui couraient dans l'azur. On ouvrait les boutiques ; les laitières, en jupon rayé, arrivaient de la campagne, quelques balayeurs nettoyaient le boulevard, des chiffonniers éparpillaient les tas d'ordures à coups de crochet ; dans le jardin du ministère, un gros ramier roucoulait sur un platane ; tout vivait ; la force des habitudes ramenait chacun à son occupation quotidienne, et l'on ne se serait pas douté que le sort de Paris, que le sort de la France, se décidait à quelques pas de là, si parfois de sourdes détonations, qui nous retentissaient dans le cœur, ne nous eussent annoncé que la bataille faisait rage et que le canon était à l'œuvre. Nous montions sur le toit du ministère et là, cramponnés dans les chéneaux, nous écoutions d'où venait le bruit : il venait du Panthéon, — des abords de l'hôtel de ville, — de la place de la Bastille, — des rives du canal, — du faubourg Poissonnière ; le combat semblait général et s'avancer du nord-est au sud-ouest.

Dans la matinée, vers dix heures, on nous apprit coup sur coup que Paris était mis en état de siége; que le général Cavaignac était investi de tous les pouvoirs, et que la commission exécutive avait donné sa démission. La commission disparaissait, sans que personne se souciât d'elle, sans qu'un seul mot saluât son écroulement forcé; elle disparaissait honteusement, misérablement, au milieu de l'effroyable cataclisme que son insupportable incapacité avait laissé éclater. L'histoire, — si jamais l'histoire daigne s'occuper d'elle, — lui demandera compte de l'envahissement de l'Assemblée au 15 mai, et du sang si abondamment versé pendant l'insurrection de Juin. Elle ne sut rien prévoir, rien réparer; elle ne sut même pas mourir : elle s'éboula.

La dictature déférée au général Cavaignac fut un soulagement pour nous tous; on sentit que l'on allait obéir à une direction sérieuse, unique, déterminée, et l'on savait, en outre, que l'on était entre les mains du plus honnête homme qui fût jamais. La proclamation de l'état de siége produisit sur les quartiers que l'insurrection n'avait pas encore atteint un effet singulier ; Paris se vida instantanément ; on n'apercevait dans les rues que des gens qui couraient pour rentrer chez eux. Nous y aidâmes, du reste; on nous fit faire de fortes patrouilles sur les boulevards, dans les rues de la Chaussée-d'Antin, Saint-Lazare, Tronchet, pour chasser les curieux et rendre la voie absolument libre.

Un de nos pelotons, marchant en ligne et refoulant un pauvre monsieur qui galoppait comme un chacal, s'arrêta et s'ouvrit pour laisser passer la civière sur laquelle on transportait le lieutenant-colonel Michel, de l'artillerie de la garde nationale, blessé à l'attaque de la barricade du Petit-Pont, poste avancé qui, protégeant l'entrée de la rue Saint-Jacques, défendait les approches de la grande place d'armes insurrectionnelle établie au Panthéon.

Nous rentrâmes encore au ministère ; c'était vraiment trop : nous pouvions faire mieux que ces inutiles promenades. Quelques journaux que nous avions pu nous procurer ne nous donnaient que des nouvelles contradictoires ; on y parlait de la nécessité d'aviser à une retraite sur Saint-Cloud ou sur Versailles ; quelques trembleurs conseillaient d'aller jusqu'à Bourges. Quant à ce qui se passait réellement, nous ne nous en doutions pas ; enfermés dans ce ministère maudit, n'apercevant plus un seul passant que l'on pût interroger, nous étions comme dans une île déserte, sans communication avec tout ce qui nous intéressait. Notre inquiétude s'en augmentait jusqu'à devenir douloureuse, et nous nous demandic avec terreur, si notre journée du 24 serait dévorée par l'inaction, comme celle du 23. Tout à coup, à trois heures, on fit un roulement. Lestement nous fûmes prêts. Je m'approchai du capitaine commandant, que je connaissais personnellement : « Où allons-nous ? — A la mairie d'abord, prendre des munitions, et ensuite au feu ! »

XIV

LES BARRICADES DU FAUBOURG POISSONNIÈRE

Les boulevards. — Bonne chance! — Le général Lamoricière. — Maladresse de certains gardes nationaux. — En tirailleur. — Le comte de Tréveneuc. — Tentative infructueuse sur l'église Saint-Vincent-de-Paul. — Vengeance! — Peur d'avoir peur. — Un parc d'artillerie. — La clef perdue. — Le général Le Breton. — La maison abandonnée. — Sur le toit. — Le faubourg Poissonnière en 1848. — Les barricades. — Mes combinaisons stratégiques. — Je les propose au général Le Breton. — Réception désagréable. — Aspect de la rue. — Héroïsme ou lâcheté? — Au pas de course. — Un coup de feu. — Chute. — Clopin-clopant. — « Ce pauvre numéro deux! »

Nous nous arrêtâmes dans le faubourg Saint-Honoré, pendant que nos sous-officiers allaient prendre des cartouches. Notre détachement était formé de la 3ᵉ, de la 4ᵉ et de la 6ᵉ compagnies. Au moment où nous allions nous mettre en marche, notre commandant dit simplement : « Je compte que le 2ᵉ bataillon fera son devoir! » La 3ᵉ compagnie, la mienne, formait l'avant-garde; les tambours venaient ensuite avec Lolotte, notre cantinière, une grosse fille blonde et mafflue, que nous aimions beaucoup, et que j'ai retrouvée depuis marchande de friture en plein vent; le reste du détachement suivait. Arrivés sur les boulevards, nous nous étendîmes de façon à en occuper toute la largeur; le bruit courait dans les rangs que nous allions au Château-d'Eau, où, disait on, la résistance était très-énergique.

Les boulevards que j'étais accoutumé à voir animés par le passage incessant des piétons, des voitures et des chevaux, me firent une singulière impression. C'était un désert; personne n'y apparaissait; çà et là quelques chiens errants se sauvaient, comme effrayés eux-mêmes par tant de solitude. On n'avait pas encore, à cette époque, imaginé le macadam « pour clore à jamais l'ère des révolutions »! La longue chaussée pavée, grise, uniforme et laide, s'étendait sous le soleil implacable qui la faisait miroiter. Involontairement, nous étions saisis par la tristesse morne qui se dégageait de cet aspect anormal et nous gardions le silence. Vers la rue de la Paix, cependant, quelques hommes arrêtés causaient ensemble, qui nous firent l'effet d'une foule c'étaient des représentants du peuple; ils nous saluèrent en nous criant : « Bonne chance ! »

Parvenus à la hauteur de la rue Rougemont, nous vîmes un général escorté d'officiers d'état-major qui se dirigeait vers nous au galop; c'était Lamoricière; il nous fit faire halte. Sa bonne figure valeureusement gaie nous souriait, comme pour nous donner la bienvenue : « Bien, mes enfants, je vous attendais ! » On cria : « Vive Lamoricière ! » Il se mit à rire et nous dit : « Occupons-nous de choses plus sérieuses ! » — Il fit approcher notre commandant, lui parla quelques minutes à l'oreille, nous salua de la main et partit, grand train, dans la direction du Château-d'Eau où nous pensions que nous allions bientôt le rejoindre. On distribua des cartouches et l'on fit charger les fusils.

Je remarquai là l'inqualifiable maladresse de certains gardes nationaux : ils regardaient leurs cartouches d'un air piteux, ne sachant absolument pas à quel usage elles pouvaient servir, demandant s'il fallait mettre la balle d'abord et la poudre ensuite. On eut commisération de ces malheureux, qui témoignaient plus de bon vouloir que d'aptitudes militaires; un de nos fourriers, nommé Mahélin, vieux soldat de 1814, passa dans les rangs et chargea lui-même les armes de tous ces inexpérimentés.

Dès que ces préparatifs furent terminés, nous reprîmes notre marche par une conversion qui fit aboutir notre tête de colonne à l'entrée du faubourg Poissonnière, dans lequel nous nous engageâmes. Nous allions attaquer un des côtés du clos Saint-Lazare. On s'arrêta un instant devant le Conservatoire de musique ; on rectifia les rangs ; les tambours se turent et trente hommes furent jetés en avant pour servir de tirailleurs, quinze de chaque côté de la rue.

Nous marchions un à un, à cinq ou six pas

de distance, le fusil armé, le doigt sur la détente et surveillant les maisons. On nous avait commandé de tirer impitoyablement sur tout individu qui se montrerait à une croisée ; nous interprétâmes l'ordre d'une façon moins rigoureuse ; on se contenta de crier : « Fermez vos fenêtres ! » et de rire des visages épouvantés qui apparaissaient entre les rideaux. Près de la rue Montholon, vis-à-vis la caserne de la Nouvelle-France, nous fîmes halte et le bataillon étendit ses rangs le long des trottoirs. On entendait distinctement à gauche et en face la crépitation des coups de fusil.

Un galop de cheval nous fit tourner la tête vers le bas du faubourg et nous vîmes un homme, jeune encore, qui venait vers nous de toute la vitesse d'une très-belle jument bai-brune, dont les fers tiraient des étincelles du pavé ; il portait en sautoir l'écharpe tricolore et à la boutonnière la rosette rouge des représentants du peuple ; son visage, à la fois énergique et doux, était éclairé par une loyale expression d'audace ; il se tenait bien en selle et ne s'inquiétait guère des écarts que son cheval faisait sur la voie effondrée; il passa devant nous, se dirigeant vers la barrière, revint au bout de quelques minutes et s'arrêta à causer avec notre commandant; il était penché sur l'encolure, caressant de la main la crinière de son cheval qui secouait la tête et mâchonnait son mors. Je le contemplais, séduit par sa prestance juvénile, par son allure bien française, par son regard réfléchi, par sa bouche souriante; je m'approchai de lui, et avec une familiarité que les circonstances excusaient sans la justifier, je lui dis : « Comment vous appelez-vous? » Il me répondit : « Le comte de Tréveneuc. »

Un de nos lieutenants prit un peloton d'une cinquantaine d'hommes et se dirigea sur la place Bossuet par la rue Lafayette; il revint au bout de quelques instants; la situation n'avait pas été tenable, car elle était dominée par les tours carrées de l'église Saint-Vincent de Paul, d'où les insurgés dirigeaient un feu d'autant plus dangereux qu'on ne pouvait y répondre. On se battait à notre gauche; je vis ramener vers la caserne un grand garde national, large, velu, ébouriffé ; un ricochet de balle lui avait enlevé une partie de la joue ; il était couvert de sang et poussait des rugissements de fureur ; un des braillards de notre compagnie lui cria : « Nous vous vengerons ! » Le pauvre blessé lui répondit avec une voix de chantre de paroisse : « Oui, vengeance ! vengeance ! ils m'ont défiguré. »

Je m'étudiais beaucoup moi-même, et je n'étais pas sans inquiétude ; comment allais-je me conduire, et quelle sensation éprouverais-je, lorsque je serais au milieu de la fusillade ? J'avais déjà fait seul un voyage assez périlleux en Asie Mineure ; j'avais, comme tout jeune homme, eu des disputes et des duels, mais je ne m'étais pas encore trouvé dans un combat. Je me rappelais la lutte dont j'avais été témoin, le 24 février, sur la place du Palais-Royal ; j'avais vu des estampes représentant des prises de barricades — au milieu des coups de fusil et d'une mêlée à la baïonnette, un jeune homme, enveloppé dans les plis d'un drapeau, tombe sur un tas de pavés ; — bien certainement nous allions avoir à soutenir une lutte corps à corps et je me disais : « Mon garçon, il faudra faire bonne contenance. » En un mot, j'avais peur d'avoir peur.

Nous étions toujours entre la rue Montholon et la rue de Bellefond ; le temps me pesait ; j'interrogeai un de nos capitaines : « Que diable attendons-nous ? — Nous attendons un parc d'artillerie. » Un parc d'artillerie ! tous les journaux du temps, tous les livres sérieux écrits sur l'insurrection de Juin ont répété, à l'envi, cette grosse amplification. Je l'ai vu arriver, ce parc d'artillerie ; il se composait d'une pièce de campagne, suivie d'un caisson. La boîte aux gargousses était close à l'aide d'un cadenas ; les artilleurs, le maréchal des logis, le lieutenant commandant l'unique canon, fouillaient à qui mieux mieux dans leurs poches, les retournaient et ne parvenaient pas à trouver la clef qu'ils avaient spirituellement oubliée à l'École militaire. On essaya de forcer les charnières, de faire sauter les clous ; les vieilles ferrailles tenaient bon et l'on se décida à finir par où l'on aurait dû commencer ; on alla chercher un serrurier qui, en deux coups de scie, eut abattu les branches du cadenas. On distribua des paquets de cartouches supplémentaires aux hommes qui connaissaient le maniement du fusil et nous nous lançâmes en avant.

Jusqu'à la rue Pétrelle, un angle du faubourg Poissonnière nous dissimulait la barricade qu'il s'agissait d'enlever; au coin de la rue Belfond nous avions franchi des pavés mal replacés, restes d'une redoute volante que nos camarades du 1er bataillon avaient prise et détruite la veille. Près de la rue Pétrelle le général Le Breton nous attendait; il promenait impassiblement sa haute taille au milieu de la chaussée, essuyant parfois son visage échauffé par le soleil et caressant machinalement sa forte barbe blonde que le givre des années commençait à blanchir. Il demanda une vingtaine d'hommes de bonne volonté qui se présentèrent immédiatement. Il nous dit d'entrer dans une des maisons du côté droit du faubourg, de monter aux étages supérieurs et d'établir de là un feu plongeant qui pût chasser les insurgés de la première barricade. —

La première ! il y en avait donc plusieurs ? — Nous traversâmes lestement la rue, car les balles sifflaient sous nos pieds, et nous grimpâmes l'escalier d'une maison abandonnée dont la porte et toutes les fenêtres étaient ouvertes. J'arrivai jusqu'aux combles, je passai par une lucarne, je rampai sur le toit et je m'installai à califourchon sur le sommet du faîtage, le dos commodément appuyé contre un large tuyau de cheminée.

Le faubourg Poissonnière n'était pas ce que nous le voyons aujourd'hui, depuis que le prolongement de la rue Lafayette, le percement de la rue de Maubeuge, la création du boulevard Magenta et la destruction du mur d'enceinte en ont si profondément modifié la physionomie. C'était, en 1848, à partir de la rue de Belfond, une sorte de grande rue de province, très-calme, peu habitée, parsemée de vastes jardins abritant quelques pensionnats de jeunes filles, enlaidie de masures à deux étages, d'échoppes en bois, de boutiques borgnes, au milieu desquelles on commençait à bâtir des maisons « bourgeoises », dont les appartements, à loyer modique, étaient presque tous occupés par de petits employés de commerce et d'administration. L'aspect général donnait une certaine impression de vide et de tristesse.

Entre la rue Pétrelle et la barrière, à gauche, il existait alors deux rues : l'une simplement amorcée, que l'on appelait la rue du Delta projetée ; l'autre que l'on nommait la rue du Delta ; celle-ci était la plus éloignée de nous, elle s'ouvrait derrière une barricade très-solide coupant le faubourg et pouvait servir de retraite aux insurgés. C'était là la première barricade ; la seconde, formée de pierres de taille, était réellement imposante et établie derrière les grilles fermées de la barrière ; les deux pavillons d'octroi étaient occupés par nos adversaires ; en outre, le mur d'enceinte barbacané, percé de meurtrières, constituait une défense des plus sérieuses ; à droite, en avant, et comme flanquant latéralement les deux barricades, l'ancien clos Saint-Lazare, encombré par les constructions inachevées de l'hôpital Louis-Philippe, de la

République, du Nord et enfin de la Riboisière, permettait aux insurgés de faire toute sorte d'évolutions à l'abri de nos attaques ; à gauche, entre la rue du Delta et la barrière, une grande fabrique de produits chimiques, où les ouvriers étaient en armes, faisait face au clos Saint-Lazare et représentait une sorte de citadelle à trois étages. Au fond, au delà de la cime des arbres du boulevard Rochechouart, on apercevait les buttes Montmartre, sur lesquelles une population de curieux s'était groupée pour mieux voir le combat.

Je regardais tout cela, et je me disais que notre pauvre demi-bataillon serait anéanti avant de s'être rendu maître d'une forteresse si compliquée ; la pente seule du faubourg Poissonnière créait pour nous un désavantage redoutable, car le tir des insurgés nous dominait naturellement. Je savais que les Batignolles, que Montmartre s'étaient énergiquement prononcés pour la cause que nous avions à défendre ; je savais, en outre, que la barrière Clichy, que la barrière Blanche étaient libres, et je me demandais pourquoi l'on ne profitait pas de ces circonstances favorables qui permettaient de prendre les insurgés à revers et d'amoindrir ainsi les dures nécessités de la guerre civile. Deux bataillons de garde nationale, venant par les boulevards extérieurs, dont l'accès était facile, et appuyés par quelques pièces de canon placées à Montmartre, eussent déblayé la fabrique de produits chimiques, la barrière et le clos Saint-Lazare. Cela me paraissait — et me paraît encore — l'évidence même.

Tout fier de ces belles combinaisons stratégiques que l'aspect des lieux avait fait naître en moi, pendant que j'envoyais quelques coups de feu aux défenseurs de la première barricade, qui ne se gênaient guère pour me les rendre, je m'imaginai fort naïvement qu'il était de mon devoir de les communiquer au général Le Breton, et je descendis. Le général, toujours au milieu de la rue, comme une cible de défi proposée aux balles de l'insurrection, causait avec un monsieur vêtu d'une redingote noire sur laquelle brillait la plaque de grand officier de la Légion d'honneur, et qui était le général Molines Saint-Yon.

Je me jetai, comme un étourneau, entre eux, et, tout plein de l'idée qui me préoccupait, j'en exposai rapidement le détail au général Le Breton. Il m'accueillit avec une franchise toute militaire, m'engagea à lui « donner » la paix, me pria d'exécuter les ordres que je recevais au lieu de l'ennuyer de mes conseils, et me dit qu'il était surpris qu'un blanc-bec se permît de vouloir lui apprendre son métier. — Les hommes de désordre m'appelaient : grand flandrin! les hommes d'ordre me traitaient de blanc-bec; je n'avais de chance avec aucun parti. — J'allai rejoindre ma compagnie, qui, en attendant que l'on en disposât, s'abritait à l'entrée de la rue du Delta projetée, derrière une grande maison dont le rez-de-chaussée était occupé par un marchand de vins.

Je me mis à regarder attentivement la barricade; comme cela ressemblait peu aux gravures publiées par les journaux illustrés et à ce que je m'étais figuré! Dans la rue, il n'y avait absolument personne, sauf un garde mobile couché à plat ventre, et qui cherchait à imiter certaines manœuvres des chasseurs à pied, de ceux que l'on avait surnommés les tirailleurs de Vincennes. La forte ligne de pavés, haute d'environ dix pieds, qui obstruait la chaussée, ne laissait apercevoir aucun être humain; seulement, il en sortait incessamment de petits tourbillons de fumée, immédiatement suivis du sifflement aigu des balles ou du bruit mat qu'elles font lorsqu'elles heurtent une surface solide. Cela déroutait toutes mes idées sur les combats populaires, et je ne pouvais m'empêcher de penser qu'un « héroïsme » si habilement garanti, si savamment abrité, tirant à coup certain et sans péril sur des hommes découverts qui marchent droit et la poitrine effacée, ressemble singulièrement à une prudence qui va changer de nom.

Nos camarades avaient quitté la maison où nous étions montés dès le début; de notre côté la fusillade se taisait. Notre commandant, s'avançant vers notre groupe, nous dit: « Allons! ceux qui ont du cœur au ventre, au pas de course sur la barricade! » Une trentaine d'hommes s'élancèrent; j'avais repris mon rang habituel, je le gardai; j'avançais rapidement en suivant le côté gauche de la rue, à quelque distance des murailles. Les balles tombaient si dru autour de nous, et avec un bruit strident si répété, que je me rappelle m'être arrêté et avoir regardé par terre, pour voir si je les apercevrais au passage ; les pavés étaient marqués de taches brillantes, métalliques et bleuâtres, traces du plomb qui les effleurait en reprenant une nouvelle force. On tirait sur nous de la première, de la seconde barricade, du mur d'enceinte et des pavillons d'octroi. Ce qui se perd de projectiles dans un combat est inconcevable.

Tout à coup je ressentis un choc violent à la jambe, comme si j'avais été frappé avec une grosse canne en baleine; en même temps, de toute ma hauteur, je tombai assis. — Ah ! qu'ils étaient durs les pavés du faubourg Poissonnière ! — La commotion que ma chute communiqua au cerveau fut tellement brutale et d'une souffrance si atroce, que je crus — très-sérieusement — avoir reçu un biscaïen dans la tête. Je portai la main à mon front :

tout était à sa place et intact sous mon shako. Néanmoins je ne pus retenir une exclamation qui ne ressemblait pas positivement à une action de grâce envers la Providence.

Je me relevai ; je pouvais me tenir debout, mais mon pied baignait dans un liquide chaud accumulé dans ma bottine et je sentais, au moindre mouvement, un corps long, grêle et dur comme une tringlette de fer, qui vacillait à la place même où la nature oublieuse a négligé de me mettre un mollet. Clopin-clopant, sautant sur un pied, appuyé d'un côté sur mon fusil et de l'autre sur l'épaule d'un camarade complaisant, je refoulai ma voie ; la route me parut longue, d'autant plus longue que les balles grêlaient et que je redoutais la honte d'une blessure dans le dos. J'arrivai sans encombre jusqu'au cabaret qui faisait l'angle de la rue du Delta projetée et je trouvai plus d'un garde national qui prenait courage auprès du comptoir.

Je m'assis, j'examinai ma blessure ; un coup de feu plongeant m'avait traversé la jambe de haut en bas ; le tibia était indemne,

Dieu merci, mais le péronné était fracassé; i
me fut impossible d'en douter, car je pu
immédiatement extraire une longue esquill
qui apparaissait entre les lèvres de la plaie in
férieure. Cette vue me rendit assez mélanco
lique; je me disposais, vers cette époque,
entreprendre prochainement un voyage de plu
sieurs années en Orient, et je sentais que j'e
serais singulièrement empêché, si j'étai
obligé de faire remplacer par un pilon de boi
la jambe à laquelle j'étais accoutumé depui
ma naissance. La marchande de vin s'empres
sait charitablement autour de moi ; elle m'ap
porta un matelas sur lequel je m'étendis, e
je fus promptement entouré par des camarade
qui venaient soigner « ce pauvre numér
Deux ! »

XV

HONNEUR AU COURAGE MALHEUREUX !

Notre unique canon. — Trois gargousses. — Adresse des insurgés. — La charge. — Un proverbe arabe. — Prudence et imprudence. — Les blessés. — Notre montagnard. — Un garde mobile. — Le verre de vin de Madère. — La mort. — La prise de la barricade. — On évacue les blessés. — La civière. — Mes porteurs. — M. Pasdeloup. — Ceux qui gardent leur quartier. — Le mot historique. — Les aubaines de la guerre. — Les signaux. — Révolte contre la faculté de médecine. — La situation dans la soirée du 24 juin. — Sentinelle ! prenez garde à vous !

J'étais installé dans cette sorte de cage vitrée qui sert de cabinet particulier à tous les cabarets de Paris ; j'étais là, en assez piteux état, depuis quelques minutes, lorsque je sentis la terre trembler sous mon matelas, et fus couvert par des débris de carreaux qui tombaient de tous côtés. C'était notre canon — le parc d'artillerie — qui, solitairement, entrait en ligne. On l'avait mis en batterie dans la rue du Faubourg-Poissonnière, en face l'amorce de la rue du Delta projetée, précisément à côté de la maison où j'avais cherché un refuge, et il venait d'en briser toutes les vitres. Il tira trois coups, pas plus, par l'excellente raison que le caisson ne renfermait que trois gargousses.

Couché, le dos accoté contre la muraille, je regardais la manœuvre des artilleurs qui n'étaient point à dix pas de moi ; j'en vis un pivoter sur lui-même et tomber ; un second fit un geste violent en portant la main à son épaule gauche ; un troisième se baissa tout à coup, et lorsqu'il se releva, son visage était couvert de sang. Il y avait de bons tireurs parmi les insurgés.

Le lieutenant, causant avec M. de Tréveneuc, se tenait à droite de sa pièce et examinait la barricade en levant les épaules ; en effet, ce tas de pavés qui barrait la rue n'était qu'une sorte d'avant-poste destiné à protéger les approches de la barrière et du mur d'enceinte ;

c'était là ce qu'il eût fallu attaquer vigoureusement et « nettoyer » à coups de canon; mais cela n'était pas facile avec une pièce de campagne à laquelle les munitions faisaient défaut.

La fusillade continuait ; nos tambours, abrités sur la porte du cabaret, battaient la charge sans discontinuer : je n'ai jamais su pourquoi ; c'était un sabbat infernal, fort militaire, sans doute, mais tout à fait insupportable. De temps en temps, le général Le Breton, suivi de son aide de camp, apparaissait dans le cabaret ; il gourmandait les gardes nationaux trop nombreux qui l'encombraient : « Allons, messieurs, vous aurez tout le temps de vous désaltérer ce soir ; allez retrouver vos camarades qui sont au feu ! » Puis il retournait se planter au milieu de la rue ; c'est un miracle qu'il n'ait point été frappé ; le proverbe arabe a raison : ce n'est pas la balle qui tue, c'est la destinée ! Quelques-uns de nos hommes, d'une extrême prudence pour eux-mêmes et d'une imprudence excessive pour les autres, se tenaient à l'entrée de la rue du Delta projetée, y chargeaient leur fusil, puis, l'appliquant contre la muraille d'angle du faubourg Poissonnière, tiraient au hasard dans la direction de la barricade. C'était fort bien imaginé; mais, entre cette barricade et eux, se trouvaient nos camarades, dispersés dans la rue et ripostant à la fusillade des insurgés. Un jeune homme de notre compagnie, Émile Chaze, tomba pour ne plus se relever. Or, lorsqu'il fut foudroyé par une balle qui lui fracassa la base du crâne et mit à nu le cervelet, il faisait face à l'ennemi; il est donc bien probable qu'il a été tué par un des nôtres.

Notre commandant, me voyant quitter le combat et sachant le motif de ma retraite forcée, m'avait dit : « Mon cher, je vous félicite, vous êtes le premier blessé de la compagnie! » Singulier compliment que j'avais accepté sans broncher. Si j'étais le premier, je ne fus malheureusement pas le seul, et nous eûmes bientôt un respectable contingent d'éclopés. D'abord ce fut Gustave Béjot, notre capitaine en second, le meilleur et le plus charmant des hommes, qui fut frappé au pied; puis Tarbé des Sablons, puis le vicomte de Turenne, puis de Saint-Pierre qui eut le bras traversé, et d'autres que j'oublie. Le lieutenant-colonel de notre légion, Joachim Clary, venait d'être atteint d'une blessure grave au pied.

Une sorte de rumeur se fit à la porte du cabaret, et l'on s'écarta pour laisser passer quatre hommes qui en portaient un cinquième pâle et poussant de gros soupirs. Je reconnus Charpentier, « notre montagnard ». Une balle l'atteignant au sommet droit du thorax avait transpercé la poitrine et brisé la clavicule. Le pauvre diable se désespérait et disait : « Mon Dieu ! mon Dieu ! quel malheur ! c'est au cœur que je suis blessé; bien sûr, j'ai le cœur crevé et je suis perdu ! » On avait beau le rassurer, lui dire que le cœur est situé à gauche, lui en faire sentir les battements, rien ne pouvait calmer son angoisse; il répétait : « Vous dites cela pour me faire plaisir, mais c'est au cœur, c'est bien au cœur, j'en suis sûr. » Le bruit des tambours qui continuaient à taper comme des sourds sur leur malheureuse peau d'âne l'agaçait horriblement; pour lui éviter ce supplice, on le transporta à la caserne de la Nouvelle-France.

On venait à peine de l'éloigner lorsqu'un de nos sous-officiers, homme très-vigoureux, entra tenant entre ses bras un garde mobile dont la tête, baignée de sang, retombait en arrière et oscillait à chaque mouvement. Bien vite on mit un matelas par terre, à côté du mien, et l'on y coucha le pauvre petit. C'était un enfant; il ne paraissait pas avoir plus de dix-huit ans; peut-être en avait-il vingt, car cette mièvre et débile population parisienne semble toujours plus jeune qu'elle ne l'est en réalité. Une balle lui avait traversé le cou; il était sur ses fins; il vivait encore, mais il allait mourir.

On l'avait assis, le dos soutenu par de gros oreillers; son col d'uniforme et sa tunique enlevés laissaient voir deux longs ruisseaux de sang qui glissaient sur sa poitrine; il balançait doucement la tête; il ouvrait tout à coup les yeux avec angoisse et les refermait comme si ses paupières eussent été trop lourdes; de ses lèvres pâles et déjà presque violettes s'échappait un râle guttural et intermittent dont le bruit nous écrasait le cœur. On lui parlait, comme si la parole humaine eût pu rappeler la vie près de s'échapper ; il répondait par des signes à peine perceptibles ; l'âme flottait déjà au milieu de ces buées confuses qui cachent le seuil de l'éternité.

On lui disait : « Qu'est-ce que tu veux ? Veux-tu quelque chose ? » Il fit un effort, se redressa un peu, et d'une voix sourde, indistincte, il dit lentement : « Je voudrais boire du madère, j'en ai jamais bu ! » — M. de Labouchère, qui était près de moi, avait précisément un flacon de vin de Madère dans son sac ; il approcha la gourde des lèvres de l'enfant qui but longuement, et dit : « C'est bon ; merci ! » — Cela sembla le ranimer un peu ; il y eut moins d'atonie dans son regard et plus de régularité dans son souffle pénible. Puis la tête se renversa, pour chercher l'appui de la muraille ; les pommettes devinrent saillantes et le nez s'effila ; ses mains se mirent à remuer avec des gestes inconscients, doux, pareils aux battements de l'aile des oiseaux ; on eût dit qu'il tâtonnait devant lui, comme s'il eût cherché quelque chose que nous n'apercevions pas.

La marchande de vins s'écria : « Ah ! mon Dieu ; il va passer ! il fait ses petits paquets ! » Elle s'agenouilla en sanglotant près de lui et récita une prière. L'agonisant eut encore un ou deux spasmes, puis il s'affaissa sur lui-même ; il était mort. On l'enveloppa dans sa tunique et on l'emporta. Au moment où l'on allait l'enlever, on s'aperçut qu'il tenait quelque chose dans sa main fermée, c'était une cartouche.

Vers six ou sept heures du soir deux compagnies d'un régiment de ligne vinrent se mettre sous les ordres du général Le Breton et servir de renfort à la garde nationale qui, du reste, n'en avait pas besoin. Le détachement de notre bataillon avait fait son devoir jusqu'au bout, simplement, mais avec une inébranlable fermeté ; il avait atteint l'objectif qu'on lui avait proposé ; il s'était emparé de la première barricade, s'y était énergiquement maintenu et, abrité derrière ce rempart insurrectionnel, qui dès lors le protégeait, il ripostait, sans résultat possible, aux coups de fusil qu'on lui envoyait de la barrière. On attendait de l'artillerie, souvent réclamée, pour attaquer efficacement ce repaire inabordable ; mais, par suite de circonstances que j'ai ignorées, l'artillerie n'arriva que le lendemain.

Le jour commençait à baisser ; le combat se ralentissait ; de part et d'autre on semblait las d'entretenir une fusillade inutile ; l'ordre fut donné de se préparer à évacuer les blessés ; il n'y avait pas moyen d'amener les voitures près de la rue du Delta projetée, à travers le faubourg Poissonnière dont la chaussée, dépavée çà et là, était encombrée de tas de grès ; je me levai et j'essayai de faire quelques pas ; la douleur fut intolérable ; on alla chercher une civière à la caserne de la Nouvelle-France, et je m'y étendis.

Quatre gardes nationaux se présentèrent, avec une bonne grâce dont je fus touché, pour me transporter chez moi. Ma reconnaissance n'a pas oublié leur nom. Hélas ! trois d'entre eux déjà ont été rejoindre dans les régions de l'inconnu le pauvre petit mobile qui était mort à mes côtés : c'étaient de Cauvigny, de Labouchère et le marquis Turgot, qui fut ministre des affaires étrangères; le seul survivant était, à cette époque, un jeune homme blond, fin, railleur et gai, fort aimé, très-estimé dans la troisième compagnie, où il portait — je ne sais pourquoi — le titre baroque de caporal postiche; aujourd'hui, c'est le célèbre directeur des concerts populaires, qu'il a organisés avec une énergie et un talent rares : c'est M. Pasdeloup.

J'étais affaibli, car j'avais perdu beaucoup de sang, mais assez gai. Je m'étais fait de très-beaux raisonnements — que l'événement a justifiés — pour me prouver que je n'aurais à subir aucune amputation, et qu'après être resté quelques semaines dans mon lit, j'en sortirais aussi ingambe qu'autrefois. On se mit en marche, la civière n'avait point de bricole, ce qui fatiguait beaucoup mes porteurs. A tous les coins de rue nous trouvions de petits postes composés de gardes nationaux qui, se payant de mauvaises raisons, s'imaginaient avoir fait tout leur devoir en gardant

« leur quartier ». Lorsque mon brancard passait près d'eux, ils me présentaient les armes et l'officier me saluait du sabre.

J'ai défilé ainsi devant une vingtaine de postes, au moins, et j'ai vu, par conséquent, une vingtaine d'officiers. Tous m'ont dit la même niaiserie ; pas un n'y a manqué ; cela ressemblait à un mot d'ordre, et comme le sentiment du comique ne m'a jamais quitté, je riais de bon cœur lorsque j'entendais ces pauvres gens me répéter les uns après les autres : « Honneur au courage malheureux ! » Cet invincible besoin d'employer des phrases toutes faites, de se servir, à tort et à travers, de mots historiques, est une maladie particulièrement française, maladie faite de paresse et de rhétorique.

Mes porteurs s'arrêtaient quelquefois, pour se remplacer et reprendre haleine. On fit halte au milieu de la rue Grange-Batelière. Un crépuscule grisâtre annonçait les approches de la nuit ; les becs de gaz n'étaient point encore allumés et déjà cependant le jour n'était plus. Sous les portes cochères, des femmes, réunies par groupes de deux ou trois, effilochaient le vieux linge et préparaient de la charpie. Une d'elles parut me contempler très-attentivement, puis, jetant un grand cri, elle s'élança vers moi, se pencha sur mon brancard, me saisit, et se mit à 'embrasser violemment, en répétant : « Ah! Alfred!... Alfred!... Alfred!... » Elle était très-jeune et fort jolie ; je riais sous cape et la laissais faire avec une résignation qui n'avait rien de désagréable. Lorsqu'elle m'eut embrassé suffisamment, je lui dis : « Mademoiselle, je ne m'appelle pas Alfred, et j'en suis désolé. » — Elle me regarda, devint rouge comme une framboise, se cacha le visage entre ses mains et se sauva. La guerre a ses aubaines !

Sur les boulevards, des dragons espacés de distance en distance étaient placés en vedette ; le pistolet au poing, ils surveillaient les fenêtres et faisaient éteindre toute lumière apparente. Un accès d'aliénation mentale avait subitement saisi Paris. Dès que l'on voyait une lampe allumée quelque part, ou seulement le reflet de la lune sur les vitres, on s'imaginait que c'étaient là des signaux destinés à renseigner les insurgés sur le mouvement des troupes; alors on envahissait la maison coupable et l'on malmenait fort de pauvres gens qui ne comprenaient rien à ce qu'on leur reprochait. Cette maladie aiguë dura une huitaine de jours et causa bien des ennuis — pour ne dire plus — à des bourgeois aussi dociles que ceux dont parle la complainte du Juif errant. Près des rues qui débouchent sur le boulevard, des grand'gardes étaient établies; il fallait constamment s'arrêter pour répondre au : « Halte-là ! Qui vive ? » des sentinelles; on passait après s'être fait reconnaître et après avoir subi l'inéluctable : « Honneur au courage malheureux ! » — J'avais beau en rire, j'en étais excédé.

On savait chez moi que j'étais blessé ; un garde national, qui avait quitté le combat vers six heures du soir, en avait apporté la nouvelle, mais sans pouvoir rien préciser, de sorte que je trouvai tout mon pauvre monde dans une inquiétude excessive que j'eus quelque peine à calmer. On alla chercher un médecin. D'où venait-il? où le découvrit-on? je n'en sais trop rien. C'était un infime et un des derniers représentants de l'école de Broussais. Il me proposa de me saigner et me prescrivit une diète absolue. J'entrai en fureur. La saignée que la balle m'avait faite, en coupant une des branches de l'artère tibiale, me paraissait suffisante; en outre, je n'avais pas mangé depuis la veille et je mourais littéralement de faim. Je mis le médecin à la porte ou peu s'en faut, j'envoyai chercher de la glace dont je m'entourai la jambe, et je demandai impérieusement à dîner. On n'osa me refuser, fort heureusement; c'est peut-être le seul repas de ma vie dont je me souvienne avec plaisir.

Lorsque je me fus ainsi réconforté, je demandai des nouvelles; elles n'étaient point rassurantes. Il s'en fallait de beaucoup que l'insurrection fût vaincue; on citait le nom des généraux blessés; on disait que dans la matinée une trêve conclue entre l'insurrection et le Gouvernement n'avait été suivie d'aucun résultat; on racontait que la lutte, loin de se circonscrire, ne faisait que s'étendre; que les abords du canal, le faubourg du Temple, le Panthéon, la place Maubert offraient des positions imprenables et contre lesquelles venait se briser l'élan de la garde nationale; on prétendait encore — que n'inventait-on pas? — que le faubourg Saint-Antoine, masquant son mouvement derrière d'énormes barricades, avait envoyé un contingent d'insurgés pour s'emparer de Vincennes, délivrer Barbès, le proclamer dictateur et faire, au besoin, sauter Paris; on ajoutait que les proclamations du général Cavaignac avaient été lacérées par la population en armes, et que toutes les tentatives de conciliation entreprises par les représentants du peuple avaient échoué devant l'entêtement et l'exaspération des rebelles.

Cette part faite aux rumeurs sinistres — et elle n'était point trop excessive — on affirmait savoir de source certaine qu'une partie des renforts demandés aux garnisons de province était déjà entrée dans Paris et que les gardes nationales des départements arrivaient à marches forcées. Quoique la situation fût encore grave, il n'y avait pas lieu de perdre l'espoir, car elle s'était moralement améliorée. A l'effarement du premier jour, à l'incohérence des mesures adoptées par la commission exécutive, avaient succédé une résolution virile propre aux grands efforts et une impulsion militaire qui soutenait les courages, tout en rassurant les faiblesses. La bataille durerait encore deux ou trois jours, mais on lui ferait face sans défaillance et l'on était en droit de compter sur la victoire.

Nous étions comme dans une ville assiégée; les rideaux et les persiennes fermées empêchaient toute lumière d'être aperçue au dehors; j'entendais le bruit cadencé des patrouilles qui se succédaient, presque sans interruption, sur la place de la Madeleine; le cri des vedettes se répétant au loin, comme répercuté par un écho, montait vers moi : « Sentinelle ! prenez garde à vous ! » Nul roulement de voiture, nulle autre rumeur que ce retentissement de l'appareil militaire. Cela ne m'empêcha pas de m'endormir et de passer une bonne nuit, tout en rêvant que j'attaquais des barricades défendues par des médecins insurgés qui voulaient me mettre à la diète.

XVI

LA DÉFAITE DE L'INSURRECTION.

La grosse artillerie. — Projet de retraite. — L'insurrection vaincue. — Meurtre du général Bréa. — Mort de l'archevêque de Paris. — Indécision de l'histoire. — Au dépôt de la préfecture de police. — La France accourt à Paris. — Les calomnies. — « L'or de l'étranger ». — Les légendes. — « Tirer dans le tas ». — La guerre. — Insurrection anonyme. — La devise d'un drapeau. — Le personnel de l'insurrection. — Un sectaire. — Jules Bastide et le général Cavaignac. — La proclamation. — Ce que fut Cavaignac. — Voyage au Maroc. — Retour. — Paris a tout oublié. — *La propriété c'est le vol.* — Élection présidentielle. — Un mot de M. de Tocqueville. — Le 14ᵉ de ligne. — A.-P. Giacomoni. — Révolution de février ✕ 15 mai ✕ insurrection de juin = Odilon Barrot, ministre.

La journée du dimanche 25 juin ne fut pour moi qu'un long assoupissement causé par la fièvre et par la faiblesse ; j'en fus tiré vers deux heures de l'après-midi par une trépidation retentissante qui ébranlait les vitres de ma chambre à coucher; j'envoyai aux informations et l'on revint me dire que plusieurs régiments d'artillerie, conduisant des pièces de gros calibre, passaient sur la place de la Madeleine et prenaient la direction de la Bastille. On prétendait que c'était l'artillerie de siége qui arrivait de Bourges et que l'on allait « bombarder » le faubourg Saint-Antoine.

On ne paraissait pas encore fort rassuré, car un de mes amis me fit prévenir qu'il mettait sa voiture à ma disposition pour quitter Paris, dans le cas probable où le gouvernement, l'Assemblée, la garde nationale et l'armée se retireraient sur Saint-Cloud. Cela ne m'émut guère; j'étais un peu inconscient et je retombai dans ma somnolence.

Le lundi 26, j'étais beaucoup moins faible. La fièvre battait encore violemment, mais j'avais recouvré la nette perception des choses, et j'y restai fort attentif. J'avais lu plusieurs journaux sans pouvoir en tirer grande lumière, car les renseignements contradictoires s'y heurtaient dans un chaos inextricable. Enfin, vers deux heures et demie, un de mes parents, officier supérieur en retraite, qui avait pris un fusil et s'était joint à la première compagnie de bonne volonté qu'il avait rencontrée, vint me voir. Il arrivait directement du faubourg Saint-Antoine, qui avait capitulé après canonnade, et était occupé militairement. Partout l'insurrection était vaincue ; ses repaires, ses défenses si rudement disputées, avaient fini par tomber sous l'effort réuni de la garde nationale et de l'armée.

Il me raconta alors les crimes irréparables qui avaient été commis et qui marquent d'une tâche honteuse ces sinistres pages de notre histoire urbaine. Il me donna des détails sur l'assassinat du général Bréa, dont les auteurs, bêtes féroces et stupides, devaient dérisoirement invoquer plus tard le bénéfice du décret du 26 février 1848, qui abolit la peine de mort en matière politique. Il me parla aussi du trépas de l'archevêque de Paris, tué sur les barricades du faubourg Saint-Antoine, au moment où, un rameau à la main, il essayait de désarmer la fureur des insurgés et leur promettait l'indulgence du pouvoir.

Jamais on n'a su positivement comment et par qui Mgr Affre avait été frappé ; une balle maladroite, conduite par la destinée, a sans doute jeté brutalement dans la mort celui dont la parole suprême devait être : « Que mon sang soit le dernier versé ! » On a fait de minutieuses enquêtes à ce sujet et des recherches multiples ; l'insurrection a gardé fidèlement son secret ; elle ne l'a point légué à l'histoire ; on est toujours dans le doute, et j'en peux donner une singulière preuve.

En 1869, j'étudiais de très-près le monde des malfaiteurs et l'organisation des prisons de Paris. Presque chaque matin je me rendais au dépôt de la préfecture de police et j'assistais à l'interrogatoire sommaire que le chef du service de la sûreté fait subir aux personnes arrêtées depuis la veille par ses agents. Dans l'étrange troupeau qui a défilé devant moi, je me rappelle avoir vu un homme d'une quarantaine d'années, grêle, nonchalant, incarcéré pour cause de mauvaises mœurs et que tout le personnel du dépôt de la sûreté, qui le connaissait bien, désignait familièrement par son surnom : l'archevêque. Lorsque je demandai pourquoi on l'appelait ainsi, les réponses reproduisirent les deux opinions opposées qui partagent l'histoire. Pour les uns c'était l'ancien garde mobile qui soutint dans ses bras Mgr Affre mourant ; pour les autres, c'était l'insurgé qui l'avait tué.

Tout était donc fini, le canon se taisait; la civilisation française échappait à l'un des plus grands périls qui l'aient jamais menacée. Toute la France, soulevée d'horreur, accourait au secours de sa capitale ; les gardes nationaux sous la conduite de leurs curés et de leurs maires avaient quitté les villages et se hâtaient vers la grande ville. On revit apparaître des casques de forme impossible, des fracs extraordinaires, des buffleteries monumentales, des schakos turriformes ornés de plumets gigantesques. On souriait de ces accoutrements baroques et surannés, qui jadis avaient représenté l'élégance militaire dans ce qu'elle avait de plus recherché, mais on était profondément touché et très-reconnaissant de ce dévouement universel et spontané. Je ne connus que par ouï-dire l'arrivée de ces braves gens, leurs bivouacs pittoresques et leur vif empressement que le Gouvernement eut quelque peine à modérer ; j'étais, et pour longtemps encore, condamné à l'horizontalité forcée.

Dès que la guerre à coups de fusil fut terminée, la guerre des calomnies commença ; on fut sans merci les uns pour les autres ; les deux partis, vainqueurs et vaincus, n'eurent rien à s'envier, ils furent d'une mauvaise foi égale et d'une exagération pareille. La première sornette dont on eut les oreilles fatiguées fut « l'or de l'étranger ». Un grand personnage du temps, célèbre par son art exquis de culotter les pipes, Ferdinand Flocon, ministre des travaux publics, avait, dès le début de l'insurrection, parlé à la tribune « de l'or des prétendants et de l'étranger qui cherchaient à renverser la République pour rétablir la tyrannie ». Un homme d'esprit, Armand Marrast, faisait chorus dans une fort sotte proclamation ; le bon public écoutait bouche béante ces ingénieuses révélations, et les colportait en les grossissant de commentaires où la niaiserie le disputait à l'odieux.

A en croire ces fabricants de mauvais propos, tous les hommes pris les armes à la main avaient les poches pleines de monnaies étrangères ; « l'or russe » et « l'or anglais » foisonnaient sous les blouses de l'insurrection ; c'était une invasion métallique qui avait égaré le patriotisme du peuple parisien. Il n'est pas besoin de subventions extérieures pour solder nos sottises ; nous les faisons avec désintéressement, naturellement et gratis. Du reste, pour soudoyer l'émeute, la paye des ateliers nationaux avait suffi.

Des légendes circulèrent, qui furent acceptées comme parole d'évangile, car le meurtre du général Bréa justifiait, jusqu'à un certain point, la croyance aux monstruosités. On racontait, avec force détails à l'appui, que les insurgés sciaient entre deux planches les gardes mobiles prisonniers ; qu'ils faisaient la soupe dans les crânes des soldats morts, et portaient des cœurs au bout de leur baïonnette.

De leur côté, les vaincus ne demeuraient pas en reste ; ils accusaient la garde nationale d'actions atroces, d'exécutions sommaires, de férocité froidement préconçue. Les insurgés encombraient les prisons ; on ne savait où les mettre ; on imagina de les placer provisoirement dans le souterrain qui s'étend sous la terrasse du bord de l'eau, entre le jardin et le quai des Tuileries. Il fut de tradition, à cette époque, que les gardes nationaux de faction s'amusaient à « tirer dans le tas » par les soupiraux. Il était bien inutile d'inventer tant de bourdes ridicules ; les faits étaient assez graves pour satisfaire les imaginations les plus exigeantes ; car la lutte avait été implacable, dès que toutes les tentatives de conciliation et d'apaisement eurent été repoussées.

Il y eut, ceci n'est point douteux, des actes coupables et qui dépassaient les droits du combat. Mais ces actes excessifs, que les journaux du temps ont enregistrés, n'incombent à aucun parti ; ils sont le fait même de la guerre, qui est l'œuvre la plus insensée et la plus criminelle que l'on puisse entreprendre, car elle entraîne fatalement un retour immédiat vers la bestialité dont la morale, les religions, les philosophies, ont tant de peine à retirer l'homme, qui, selon Charles Nodier, est un quadrupède vertical.

Cette insurrection eut cela de particulier qu'elle fut et qu'elle est restée anonyme; ceux qui l'ont dirigée étaient des inconnus; au-dessus de cette mare de sang aucun nom n'a surnagé. Le droit au travail, ou, pour parler très-sincèrement, le droit à une subvention régulièrement fournie par l'État, en fut le prétexte hautement avoué. La responsabilité doit en remonter aux utopistes ambitieux et médiocres qui ont soulevé ce lourd problème sans même en soupçonner la solution. Les besoins de jouissance, les instincts pervers sont venus à la rescousse des théories malsaines, et la bataille fut véritablement terrible. Notre défaite aurait eu des conséquences farouches : un drapeau rouge planté sur un tas de pavés portait ces mots en lettres noires : « Deux heures de pillage et de robes de soie. » — Le fait est invraisemblable, mais il est positif : j'ai vu cette guenille immonde chez un chef de bataillon de la garde nationale, qui la conservait comme un trophée enlevé par ses hommes à l'une des barricades du faubourg du Temple. Il y eut de tout dans ce soulèvement, des égarés, des méchants et des fous.

Plus d'un parti s'y mêla qui ne s'en est pas vanté. De même que, pendant les émeutes du règne de Louis-Philippe, les anciens gardes du corps se joignaient volontiers aux affiliés des sociétés secrètes, de même bien des gens qui ne voulaient pas de la république, ou qui en désiraient une autre, ont fait le coup de feu dans l'armée des ateliers nationaux. A ce moment, l'élection présidentielle n'étant pas encore en question, tous les partis qui divisaient l'Assemblée se surveillaient, s'accusaient et se redoutaient. Un fait singulier, dont j'ai reçu confidence, prouvera à quelle folie les âmes les plus droites peuvent se laisser entraîner par l'esprit de secte.

Un homme qui occupait alors une des plus hautes situations politiques du Gouvernement, représentant du peuple, riche, honoré, intelligent, lettré à ses heures, car il fut un des auteurs de cette traduction des œuvres de Platon que Victor Cousin a signée, d'un caractère doux et bienfaisant, mais amoureux jusqu'au fanatisme de la forme républicaine, parcourut Paris pendant les quatre jours de l'insurrection, accompagné de deux agents de la sûreté qui l'aidaient dans ses recherches, furetant partout et tâchant de découvrir le prince Louis-Napoléon auquel il voulait simplement brûler la cervelle. Le prince était-il à Londres ; était-il à Paris, comme on l'a dit, caché rue du Cherche-Midi, chez M. Chabrier ? Je ne sais ; en tout cas il fut introuvable et un crime ne fut pas commis.

Le lundi 26 juin, lorsque la prise du faubourg Saint-Antoine eut enfin mis un terme à l'insurrection, Jules Bastide, ministre des affaires étrangères, se rendit près du général Cavaignac auquel il était attaché par les liens d'une vieille amitié. Il trouva le général assis devant sa mère, la tête sur les genoux de celle-ci et sanglottant. Il avait héroïquement fait son devoir ; mais sa victoire — cette victoire nécessaire et qui sauvait la France — lui faisait horreur. Bastide le réconforta et il se produisit entre eux un incident qui mérite de n'être pas oublié.

C'était un homme très-droit que Bastide, intègre, correct, et qui a laissé d'excellents souvenirs à tous les membres du corps diplomatique avec lesquels il fut en rapports pendant son passage au ministère des relations extérieures; c'était en outre un républicain convaincu, si convaincu, qu'il s'imaginait que la république préexiste à la souveraineté nationale, en vertu d'une sorte de droit primordial et divin. Dans sa vie déjà longue, il avait souffert pour sa chimère, et la proclamation de Louis-Philippe comme roi après la révolution de Juillet avait été pour lui une déconvenue dont il n'avait été consolé qu'en février 1848. Il sentait peut-être déjà la République osciller entre une Assemblée qui ne l'aimait guère et une nation qui n'en voulait pas; il crut qu'une dictature transitoire était nécessaire pour l'établir sur d'inébranlables fondements, et il adjura Cavaignac de se saisir du pouvoir pour donner à la France les institutions — non pas démocratiques, mais républicaines — qui lui semblaient l'idéal de l'état parfait.

« Nous te connaissons, disait-il au général, nous savons que tu es honnête et incapable de faillir; lorsque l'œuvre sera accomplie, tu te retireras et tu auras fait acte de grand citoyen. » Cavaignac lui répondit : « Mon cher enfant, — c'était son mot familier, — si je faisais ce que tu me demandes, j'autoriserais, dans l'avenir, n'importe quel ambitieux à fomenter une émeute, à se faire déléguer le pouvoir pour la réprimer et à le garder indéfiniment sous prétexte de salut public; je ne donnerai un tel prétexte à personne. »

Ce fut à la suite de cette conversation que Cavaignac rédigea la proclamation où on lisait : « Prêt à rentrer au rang de simple citoyen, je reporterai au milieu de vous ce souvenir civique de n'avoir, dans ces grandes épreuves, repris à la liberté que ce que le salut de la République lui demandait lui-même, et de léguer un exemple à quiconque pourra être, à son tour, appelé à remplir d'aussi grands devoirs. » Ainsi il mettait nettement ses amis en garde contre des suggestions qu'il était décidé à repousser.

Dans nos jours indécis et troublés, où tant de médiocres personnages ont posé devant nous, la figure de Cavaignac se détache isolée, sereine, impeccable, sur le piédestal de l'histoire, comme une statue de marbre antique au milieu de moulages informes. Je l'ai connu longtemps après ces événements et j'avais conçu pour lui un sentiment d'affectueuse vénération que rien n'a jamais démenti. Son intelligence, plus élevée qu'étendue, dédaignait les petits compromis de la politique des ambitieux et regardait vers un objectif très-haut placé. Il répétait souvent un adage qui le peint tout entier : « Pour savoir commander, il faut apprendre à obéir. » En effet, il eut pour la légalité un respect religieux; cela seul lui crée une situation exceptionnelle dans les annales de la France moderne. Le 26 juin 1848, il était le maître; il eût pu faire tout ce qu'il eût voulu; la nation entière, qui proclamait en lui son sauveur, l'eût suivi sans hésiter. Il exerça le pouvoir dans des temps difficiles, avec une intégrité et une douceur incomparables. Nul déboire cependant ne lui fut épargné, nulle insulte, nulle injure, nulle injustice ; il fut condamné un jour à entendre Garnier-Pagès lui reprocher de l'avoir nommé général de division. Il but tous les fiels et resta ce qu'il était : le type même de l'honnête homme, le *vir probus* que l'antiquité eût offert en exemple ; la boussole de sa vie avait été bien réglée, l'aiguille s'en dirigeait naturellement vers le pôle du devoir. Si la République eût été possible en France, il l'eût fondée ; mais l'heure n'était pas venue, et il descendit du pouvoir avec autant de dignité et d'abnégation qu'il y était monté. Il eut à un haut degré ce qui fait la véritable grandeur de l'homme et ce qui manque souvent aux plus subtils, aux plus intelligents : le caractère.

Cependant je guérissais ; ma convalescence fut longue ; mais, vers le milieu de septembre, je me tenais gaillardement sur mes pieds. J'étais fatigué de m'être si longtemps reposé, plus fatigué encore de ne plus entendre parler que de politique ; pour me secouer et changer de milieu, je fis un voyage au Maroc et en Algérie. Lorsque je revins, quelques mois après, tout était bien changé. On ne chantait plus ni l'air *des Girondins*, ni la *Marseillaise*, qui était redevenue « subversive » ; on ne chantait même plus *Charlotte la Républicaine ;* on chantait un insupportable refrain : *Les peuples sont pour nous des frères, des frères, des frères ! et leurs tyrans des ennemis !* On en était obsédé.

Paris ne pensait plus à la révolution de Février, ni à la journée du 15 mai, ni à l'insurrection de juin, Paris ne s'occupait que du Vaudeville, où l'on jouait *la Propriété c'est le vol* et *la Foire aux idées ;* on s'y ruait tous les soirs pour contempler une actrice charmante qui remplissait le rôle d'Ève dans le costume presque historique. Le prince Louis-Napoléon avait été nommé président par 5 millions 534 520 suffrages. A la suite de cette élection, M. de Tocqueville disait à lord Normamby : « Il ne reste plus qu'une question, celle de savoir si ce sont les républicains ou si c'est la République elle-même que le pays ne peut souffrir. »

Avant de terminer, je dois dire ce que sont devenus quelques personnages que j'ai côtoyés, au début de ce récit de mes impressions personnelles. Le 14ᵉ de ligne se rassembla, le 24 février au soir, dans ses quartiers de Courbevoie, et fut licencié comme impropre au service de la République. Au mois de mai, il fut reconstitué avec les mêmes éléments Le lieutenant-colonel Courand fut nommé colonel du 19ᵉ, le 10 juillet 1848 ; il est mort en 1855, général de brigade en retraite, après avoir commandé la place de Paris.

Giacomoni (Antoine-Padoue) fut promu, le 9 juin 1848, au grade de sous-lieutenant dans le régiment même où son coup de feu avait déterminé « l'accident du boulevard des Capucines ». Le 27 décembre 1853, il y fut nommé lieutenant ; en cette qualité, il fit la campagne de Crimée où il fut grièvement blessé au bras et la campagne d'Italie ; mis à la retraite avec le titre de capitaine, il se retira en Corse où il mourut en 1860 des suites d'un anthrax au cou ; c'était un homme de haute taille, énergique et sombre ; il ne parlait jamais de la soirée du 23 février et détournait la conversation lorsqu'on l'interrogeait sur les faits dont il avait alors pu être le témoin.

Odilon Barrot attendit encore quelques mois avant de saisir le rêve de toute sa vie; mais, le 20 décembre 1848, l'ancien chef de chœur de la réforme électorale, le ministre *in extremis* de la royauté de Juillet éperdue, fut chargé — enfin ! — par le Président de la République, de former un ministère. — Pour parvenir à ce résultat, était-ce trop d'avoir infligé à la France la révolution de Février, qui eut pour conséquences forcées la journée du 15 Mai et l'insurrection de Juin ?

FIN.

TABLE

Introduction. — A Charles Read.................. 1

I. Les préliminaires de la révolution de février. — Cause immédiate de la révolution. — La légende. — Aux premières loges. — La campagne réformiste. — Promenades oratoires d'Odilon Barrot. — Ouverture des Chambres. — L'adresse. — M. Guizot. — Projet d'un banquet à Paris. — Convocation illégale de la garde nationale. — Interdiction du banquet. — L'opposition renonce au banquet. — Mécontentement. — Inquiétude du préfet de la Seine. — Optimisme des fonctionnaires. — Les conseillers municipaux. — Visite de MM. Husson, Lahure et Lanquetin au préfet de police. — Conversation. — Altercation. — La matinée du 22 février. — « A bas Guizot! » — La garde nationale tardivement convoquée répond mal au rappel. — On brûle des chaises aux Champs Élysées............... 21

II. L'intervention de la garde nationale. — Le banquet réformiste de Rouen. — Les discours. — Odilon Barrot. — Une déconvenue. — Les niais ambitieux. — Le 23 février. — Le poste du boulevard Bonne-Nouvelle. — Prisonniers délivrés. — Le Petit-Carreau. — Conversation avec un capitaine de ligne. — La garde nationale sur la place des Victoires. — Un chef de bataillon réformiste. — Patrouilles de dragons. — La garde nationale sur le boulevard des Italiens. — Pradier le statuaire. — Chute du ministère Guizot. — Paris illumine. — Satisfaction générale. — Opinion d'un garçon de café. — Une bande de braillards. — Son chef. — Les troupes sur le boulevard des Capucines. — Une détonation. — *Melœnis*................. 39

III. LE COUP DE FEU SUR LE BOULEVARD DES CAPUCINES. — Réunion chez Odilon Barrot. — D'où vient la légende du coup de pistolet de Lagrange. — Charles Lagrange. — Le citoyen beau-père. — Lagrange au Gros-Caillou. — Le 14ᵉ de ligne. — Le lieutenant-colonel Courand. — Le ministère de la justice menacé. — Positions militaires du 14ᵉ de ligne. — Colloque entre le lieutenant-colonel et la foule. — Le chef de bande. — Conflit. — Le sergent Giacomoni. — Un coup de torche. — Croisez la baïonnette! — Le coup de feu. — Le feu de peloton. — Effarement. — Sauve qui peut — Panique des soldats. — La grosse caisse du régiment. — On reforme les rangs. — Promenade des cadavres. — La bonne aubaine. — La retraite des troupes. — MM. Thiers et Odilon Barrot nommés ministres. — Trop tard. — Niaiserie et proclamation. — Un vieux vaudeville............... 57

IV. LE COMBAT DU PALAIS-ROYAL. — Opinion de M. de Cormenin. — La crosse en l'air. — Déroute générale. — Rue du Père-du-Peuple! — La flaque de sang. — Chacun son tour. — La petite bourse. — La troupe fraternise avec les émeutiers. — Cavalcade d'Odilon Barrot et d'Horace Vernet. — La barricade de la rue du Helder. — La boutique de l'armurier Devisme. — Les armes de l'empire de Russie. — Une troupe d'émeutiers. — Vive l'Empereur! — La place du Palais-Royal. — Topographie. — Le poste du Château-d'Eau.

— Encore le 14ᵉ de ligne. — Notre poste d'observation. Le combat. — Une compagnie de la garde nationale. — Intervention inutile du maréchal Gérard. — Le général Lamoricière. — Il est blessé. — Ce qui s'était passé. — Une femme. — Un gamin. — Férocité des foules. — On se dispose à incendier le poste du Château-d'Eau. — Nous apprenons la fuite du roi....   75

V. La proclamation de la république. — La cour d'honneur des Tuileries. — Le banquet de la réforme. — La salle des maréchaux. — Respect général. — Les combattants. — Le génie de la destruction. — Le jardin des Tuileries. — « Nos frères égarés. » — Les marrons du feu. — Les fausses nouvelles. — Les hommes du 14ᵉ de ligne. — Le Palais-Royal. — Pillage et incendie. — Un vainqueur. — Ambulance dans la galerie d'Orléans. — Un blessé. — La valetaille. — Les soldats. — Les boulevards. - Le mot de passe. — La place de l'Hôtel-de-Ville. — On proclame la république. — La souveraineté nationale ne veut pas du général Lamoricière comme ministre de la guerre. — Niaiserie d'Odilon Barrot. — Au delà du but............   93

VI. Le lendemain de la victoire. — Stupeur de la population. — Louis-Philippe quitte la France. — Déception. — Un mot de Victor Cousin. — Curiosité. — « Égalité ou la mort. » — Efforts des sociétés secrètes. — Le drapeau rouge. — Division entre les vainqueurs. — Trois partis en présence. — Les républicains. — Les socialistes. — Les révolutionnaires. — Les Épiménides de la Terreur. — Les Capulets et les Montaigus. — Origine et motifs secrets de la création des ateliers nationaux. — Les montagnards de Caussidière. — Chaque groupe a son armée spéciale. — Propriété nationale. — Invalides civils. — Les députations. — Vocables nouveaux. — Les journaux. — Les chansons. — Les clubs. — Blanqui. — Un vaudevilliste. — La sueur du peuple. — Le club des femmes. — Invasion. — Les arbres de la liberté. — Les lampions............ 111

VII. Les avant-coureurs du 15 mai. — La belle troisième du second de la première. — Le service de la garde nationale. — Les montagnards du ministère des affaires étrangères. — Notre compagnie les remplace. — Entente cordiale. — Cinq francs par faction. — Décret de Ledru-Rollin. — La manifestation des bonnets à poil. — Elle avorte. — Les prétendus prolétaires. — Le général Courtais. — Contre-manifestation du 17 mars. — On se prépare au combat. — Les professions de foi. — La journée du 16 avril. — Le premier rappel. — Notre bataillon. — Absence de nouvelles. — Arrivée de Lamartine. — Ce qu'on avait tenté de faire. — Le Luxembourg et l'Hôtel de ville. — Les engagements de Ledru-Rollin. — Le projet des conspirateurs. — Intervention fortuite du général Changarnier. — Déconvenue des conspirateurs. — Ouverture de l'Assemblée nationale............................ 129

VIII. La journée du 15 mai. — Prévision. — Les vaincus du scrutin. — Raspail et Blanqui. — La *Revue rétrospective*. — Délations de Blanqui. — Le ministère du progrès. — La Pologne. — Répétition générale. — Modération du peuple. — La Commission exécutive. — Nulle mesure de résistance n'est adoptée. — Interpellation fixée au 15 mai. — Topographie du Corps législatif. — La garde nationale n'est pas convoquée. — Avertissement à domicile. — La veillée. — Rendez-vous à la mairie. — Indécision. — En marche. — La manifestation nous a devancés. — Par file à droite. — Sur l'esplanade des Invalides. — Nous apprenons l'envahissement de l'Assemblée. — Le colonel Victor de Tracy. — Les gardes mobiles. — À bas les aristos ! — Le duc de Luynes. — Nous pénétrons dans le Corps législatif............................... 147

IX. L'Assemblée envahie. — La garde nationale est très-décidée à combattre le mouvement insurrectionnel. — Le suffrage universel se viole lui-même. — Le rôle du général Courtais. — Vains efforts de Lamartine. — Assez de guitare! — M. Wolovski à la tribune. — Vive la Pologne! — Envahissement. — Attitude des représentants. — Alphonse Baudin. — Louis Blanc. — MM. Buchez et Corbon. — Barbès. — Il est grisé par les acclamations de la foule. — Blanqui à la tribune. — Résolution subite de Barbès. — Ses motions absurdes. — On entend battre le rappel. — Louis Blanc porté en triomphe. — La farce commence. — Huber prononce la dissolution de l'Assemblée. — Nouveaux triomphes. — Le gouvernement provisoire. — Vive la sociale! — Départ pour l'Hôtel de ville. — Notre peloton arrive. — Conquête d'un bureau de poste aux lettres...... 165

X. L'Assemblée délivrée. — La Constituante de 1848 supérieure à la Convention. — Le mot d'ordre. — Bagarre. — Accolade. — Opinion d'un représentant. — Aspect de la salle. — Arrivée des détachements de la garde nationale et de la garde mobile. — Un homme! — Eugène Duclerc. — Le général Courtais. — On veut l'étrangler. — Il est protégé et sauvé. — Lamartine parle. — Son embarras et son hésitation. — Toute la garde nationale est accourue. — Un secrétaire d'ambassade. — Joie de Paris. — L'épilogue. — Le 16 mai. — Caussidière et ses montagnards. — Sur le quai des Orfèvres. — Le citoyen prince Murat. — Démission de Caussidière. — Inexplicable maintien de la Commission exécutive.................................. 183

XI. La commission exécutive. — Les corvées. — Le bruit du tambour. — La Commission du rappel. — Le néant. — Cacophonie gouvernementale. — Affaissement de l'esprit public. — « Faulte d'argent. » — La dernière pièce de vingt francs. — Les loisirs de la population. —

La Marseillaise. — Un réactionnaire exa~~ é~~. — Le général Clément Thomas. — Ses origine~~ sa fin~~. — Rassemblements à la porte Saint-Denis et à la porte Saint-Martin. — Vive Barbès! — Les entrepôts de la Douane. — Un colonel qui n'aime pas l'eau-de-vie. — A l'entrée de la rue Saint-Denis. — Passivité et ennui. — Patrouille. — Une grosse capture. — Haroun al Raschid en retard........................... 201

XII. LES ATELIERS NATIONAUX. — Les élections complémentaires. — Les frères ennemis. — Élection du prince Louis-Napoléon. — Lois de proscription de 1816 et 1832. — Vive Napoléon! A bas Thiers! — MM. Crémieux et Jules Favre. — Prétextes à de nouveaux troubles. — La générale. — Le rassemblement sur la place de la Concorde. — « Chargez-moi cette canaille! » — Attentat contre le général Clément Thomas. — Collision personnelle. — Je compromets les mouvements militaires. — Comment on écrit l'histoire. — La place de la Concorde est déblayée. — Une semonce. — La question des ateliers nationaux. — Inquiétude motivée. — Accroissement extraordinaire. — Travail illusoire. — 300 000 francs par jour. — Illégalité. — Comment la Commission exécutive respectait la liberté individuelle. — Agir révolutionnairement. — Un mot de Gœthe. — Le décret du 25 février. — On hâte l'heure du combat. — Michel Goudchaux. — Conditions imposées aux ateliers nationaux. — Mise en demeure. 219

XIII. DU PAIN OU DU PLOMB! — Le 22 juin. — La rue Saint-Jacques. — Deux mille hommes. — Place du Panthéon. — Discours. — Le rendez-vous pour la bataille. — Le rappel. — Notre quartier général. — La moitié de Paris est au pouvoir de l'insurrection. — Les premiers blessés. — Quatre légions passent aux insurgés. — Les représentants Bixio et Dornés. — La journée du 23. — Énervement. — La garde mobile. —

Rencontre du général Cavaignac. — Une patrouille. — — Expédition manquée. — La matinée du 24. — Le bruit du canon. — Écroulement de la Commission exécutive. — Les pleins pouvoirs sont déférés au général Cavaignac. — L'état de siége. — Départ pour le combat.. 237

XIV. Les barricades du faubourg poissonnière. — Les boulevards. — Bonne chance! — Le général Lamoricière. — Maladresse de certains gardes nationaux. — En tirailleur. — Le comte de Trévenœuc. — Tentative infructueuse sur l'église Saint-Vincent de Paul. — Vengeance. — Peur d'avoir peur. — Un parc d'artillerie. — La clef perdue. — Le général Le Breton. — La maison abandonnée. — Sur le toit. — Le faubourg Poissonnière en 1848. — Les barricades. — Mes combinaisons stratégiques. — Je les propose au général Le Breton. — Réception désagréable. — Aspect de la rue. — Héroïsme ou lâcheté? — Au pas de course. — Un coup de feu. — Chute. — Clopin-clopant. — « Ce pauvre numéro deux. »........................ 255

XV. Honneur au courage malheureux! — Notre unique canon. — Trois gargousses. — Adresse des insurgés. — La charge. — Un proverbe arabe. — Prudence et imprudence. — Les blessés. — Notre montagnard. — Un garde mobile. — Le verre de vin de Madère. — La mort. — La prise de la barricade. — On évacue les blessés. — La civière. — Mes porteurs. — M. Pasdeloup. — Ceux qui gardent leur quartier. — Le mot historique. — Les aubaines de la guerre. — Les signaux. — Révolte contre la faculté de médecine. — La situation dans la soirée du 24 juin. — Sentinelle, prenez garde à vous!............................... 273

XVI. La défaite de l'insurrection. — La grosse artillerie. — Projet de retraite. — L'insurrection vaincue.—

Meurtre du général Bréa. — Mort de l'archevêque de Paris. — Indécision de l'histoire. — Au dépôt de la préfecture de police. — La France accourt à Paris. — Les calomnies. — « L'or de l'étranger. » — Les légendes. — « Tirer dans le tas. » — La guerre. — Insurrection anonyme. — La devise d'un drapeau. — Le personnel de l'insurrection. — Un sectaire. — Jules Bastide et le général Cavaignac. — La proclamation. — Ce que fut Cavaignac. — Voyage au Maroc. — Retour. — Paris a tout oublié. — « La propriété c'est le vol. » — Élection présidentielle. — Un mot de M. de Tocqueville. — Le 14ᵉ de ligne. — A. P. Giacomoni. — Révolution de février ✕ 15 mai ✕ insurrection de juin = Odilon Barrot, ministre.................... 291

16 952. — Typographie Lahure, rue de Fleurus, 9, à Paris.

CATALOGUE

DES

PUBLICATIONS

GÉOGRAPHIQUES

DE

LA LIBRAIRIE

HACHETTE ET CIE

79, BOULEVARD SAINT-GERMAIN, 79

A PARIS

NOTA. — La maison Hachette et Cie est la *seule* librairie de France qui ait obtenu à l'Exposition de Géographie de 1875 la plus haute récompense dont le jury pouvait disposer,

UNE LETTRE DE DISTINCTION

Exposition de Géographie de 1875, à Paris.

LISTE

DES EXPOSANTS FRANÇAIS QUI ONT OBTENU A CETTE EXPOSITION LA PLUS HAUTE RÉCOMPENSE DONT POUVAIT DISPOSER LE JURY,

UNE LETTRE DE DISTINCTION

1° *Groupe mathématique.*
Le dépôt de la guerre et le dépôt des fortifications.

2° *Groupe hydrographique.*
Le dépôt des cartes et plans de la marine.

3° *Groupe physique.*
Le ministère des travaux publics.

4° *Groupe historique.*
Le ministère de l'instruction publique.

5° *Groupe économique.*
La compagnie du chemin de fer sous-marin entre la France et l'Angleterre.

6° *Groupe didactique.*
La maison Hachette et Cie, à Paris.

7° *Groupe des voyages.*
Le ministère de l'instruction publique. Missions scientifiques.

I

DICTIONNAIRES

GÉOGRAPHIQUES

Bouillet : *Dictionnaire universel d'histoire et de géographie*, contenant : 1° l'histoire proprement dite ; 2° la biographie universelle ; 3° la mythologie ; 4° la géographie ancienne et moderne. Ouvrage recommandé par le conseil de l'instruction publique et approuvé par Mgr l'archevêque de Paris. Nouvelle édition (24e), entièrement refondue. 1 beau volume de plus de 2000 pages, grand in-8 à 2 colonnes, pouvant se diviser en deux parties, broché. 21 fr.

Le cartonnage en percaline gaufrée se paye en sus 2 fr. 75 c. ; la demi-reliure en chagrin, tranches jaspées, 4 fr. 50 c. ; la demi-reliure en chagrin, avec tranches et gardes peignes, 5 francs.

Voir pour l'*atlas* qui fait suite au Dictionnaire, page 21.

Joanne (A.) : *Dictionnaire géographique, administratif, postal, statistique et archéologique de la France, de l'Algérie et des colonies*, contenant pour chaque commune la condition administrative, la population ; la situation géographique, l'altitude ; la distance des chefs-lieux de canton, d'arrondissement et de département ; les bureaux de poste, les stations et correspondances des chemins de fer et le bureau de télégraphie ; la cure ou succursale ; l'indication de tous les établissements d'utilité publique ou de bienfaisance ; tous les renseignements administratifs, judiciaires, ecclésiastiques, militaires, maritimes ; le commerce ; l'industrie ; l'agriculture ; les richesses minérales ; la nature du terrain ; enfin les curiosités naturelles ou archéologiques ; les collections d'objets d'art ou de sciences ; avec la description détaillée de tous les cours d'eau, de tous les canaux, de tous les phares, de toutes les montagnes, et des notices géographiques, administratives, statistiques sur les 89 départements, une introduction sur la France, etc. ; 2e édit., entièrement refondue, suivie d'un *supplément* contenant les communes qui ont cessé de faire partie du territoire français. 1 vol. grand in-8, imprimé sur deux colonnes (2740 pages), broché. 25 fr.

Le cartonnage en percaline gaufrée se paye en sus 3 fr. 25 ; la demi-reliure en chagrin, 5 francs.

— *Petit Dictionnaire géographique de la France*, ouvrage abrégé du précédent. 1 vol. in-12, cartonné. 6 fr.

Meissas et Michelot : *Dictionnaire de géographie ancienne et moderne*, contenant tout ce qu'il est important de connaître en géographie physique, politique, commerciale et industrielle, et les notions indispensables pour l'étude de l'histoire. 1 vol. grand in-8, contenant 8 cartes coloriées ; nouvelle édition. 1 volume grand in-8, broché. 7 fr. 50

Le cartonnage en percaline gaufrée se paye en sus. 1 fr. 50

Vivien de Saint-Martin : *Dictionnaire universel de géographie*, contenant la description de toutes les contrées et de tous les peuples du monde, d'après les documents officiels, les relations anciennes et récentes des époques terrestres et maritimes, et les travaux modernes de topographie, d'archéologie, d'histoire naturelle, d'hydrographie et de statistique. (*Sous presse.*)

II

NOUVELLE
GÉOGRAPHIE UNIVERSELLE

LA TERRE ET LES HOMMES

PAR

ÉLISÉE RECLUS

10 à 12 volumes grand in-8
qui seront publiés par livraisons

CET OUVRAGE CONTIENDRA

ENVIRON 2,000 CARTES INTERCALÉES DANS LE TEXTE OU TIRÉES A PART
ET PLUS DE 600 GRAVURES SUR BOIS

Conditions et mode de la publication :

La *Nouvelle Géographie universelle* de M. Élisée Reclus se composera d'environ cinq cents livraisons, soit dix à douze beaux volumes grand in-8°.

Chaque volume, comprenant la description d'une ou de plusieurs contrées, formera pour ainsi dire un ensemble complet et se vendra séparément.

Ainsi le premier volume embrassera l'Europe méditerranéenne (la Grèce, la Turquie, la Roumanie, la Serbie, l'Italie et la presqu'île des Pyrénées); le second, la France, l'Alsace-Lorraine et la Belgique; le troisième, la Suisse, l'Austro-Hongrie, l'Allemagne et la Hollande, etc.

Les souscripteurs, selon leurs ressources ou leurs études, pourront donc se procurer isolément les parties de ce grand ouvrage dont ils auront besoin, sans s'exposer au regret de ne posséder que des volumes dépareillés.

Chaque livraison, composée de 16 pages et d'une couverture, et contenant au moins une gravure et une carte tirée en couleurs, et généralement plusieurs cartes insérées dans le texte, se vend 50 centimes.

Il paraît régulièrement une livraison le samedi de chaque semaine depuis le 8 mai 1875.

III

LE
TOUR DU MONDE

NOUVEAU JOURNAL DES VOYAGES
PUBLIÉ SOUS LA DIRECTION DE M. ÉDOUARD CHARTON
ET TRÈS-RICHEMENT ILLUSTRÉ PAR NOS PLUS CÉLÈBRES ARTISTES

Les quinze premières années sont en vente (1860-1874).
Les années 1870 et 1871 ne formant ensemble qu'un seul volume, la collection comprend actuellement quatorze volumes
qui contiennent plus de 7000 gravures

Et comprennent :

Les voyages de M. GUILLAUME LEJEAN dans l'Afrique orientale, au Pandjab, au Cachemire et en Bulgarie; de M. GUINNARD en Patagonie; de Mme IDA PFEIFFER à Madagascar; de M. SIMONIN en Californie, aux îles Chinchas et à travers le Far-West américain; de M. PAUL MARCOY à travers l'Amérique du Sud et dans les vallées de Quinquinas; de M. VICTOR DURUY en Allemagne; du capitaine BURTON chez les Mormons; de M. RENAN en Syrie; de M. MOUHOT dans les royaumes de Siam, du Cambodje et de Laos; de sir BALDWIN dans l'Afrique australe; du capitaine SPEKE aux sources du Nil; de M. DE MOLLINS à Java; de M. FERDINAND DE HOCHSTETTER à la Nouvelle-Zélande; de M. CHARLES MARTINS au Spitzberg; de M. ARMINIUS VAMBÉRY dans l'Asie centrale; de MM. DAVID et CHARLES LIVINGSTONE sur les rives du Zambèze; de M. AIMÉ HUMBERT au Japon; de MM. SCHLAGINTWEIT dans la Haute-Asie; du vicomte MILTON de l'Atlantique au Pacifique; de M. MAGE dans le Soudan oriental; du docteur J. J. HAYES à la mer libre du Pôle et au Groënland; de M. VERESCHAGUINE dans le Caucase et à Samarkand; de M. FRANCIS WEY à Rome; de M. et Mme AGASSIZ au Brésil; de M. A. GRANDIDIER et de M. ROUSSELET dans l'Inde; de MM. F. et E. WHYMPER au territoire d'Alaska et dans les Alpes; de M. HEPWORTH DIXON en Russie; de M. FLEURIOT DE LANGLE sur les côtes d'Afrique; de M. FRANCIS GARNIER en Indo-Chine; de M. WALLACE dans l'archipel de Malaisie; de STANLEY à la recherche de LIVINGSTONE; de M. DE VARIGNY aux îles Sandwich; de la GERMANIA et de la HANSA au pôle Nord; du Dr SCHWEINFURTH au cœur de l'Afrique; de M. HAYDEN dans le territoire du Montana et aux grands Geysers d'Amérique; de M. KELLER LEUZINGER sur l'Amazone et le Madeira; de M. CH. YRIARTE dans l'Istrie et la Dalmatie; de M. PAILHÈS dans le Pacifique; de MM. REBATEL et TIRANT dans la régence de Tunis; de M. J. THOMSON en Chine; l'expédition armée de sir SAMUEL WHITE BAKER dans l'Afrique centrale pour la suppression de la traite des noirs; etc. etc.

CONDITIONS DE VENTE ET D'ABONNEMENT

Un numéro comprenant 16 pages in-4°, plus une couverture réservée aux nouvelles géographiques, paraît le samedi de chaque semaine. — Prix du numéro : 50 centimes. — Les 52 numéros publiés dans une année forment 2 volumes qui peuvent être reliés en un seul. Prix de chaque année brochée en un ou deux volumes, 25 francs. Prix de l'abonnement pour Paris et pour les départements : un an, 26 fr.; six mois, 14 fr. — Les abonnements se prennent à partir du 1er de chaque mois; Le prix d'abonnement pour les pays étrangers varie selon les conditions postales.

Table décennale du *Tour du Monde* (1860-1869). Brochure in-4, 1 fr.

IV

L'ANNÉE GÉOGRAPHIQUE

REVUE ANNUELLE

DES VOYAGES DE TERRE ET DE MER
DES EXPLORATIONS, MISSIONS, RELATIONS ET PUBLICATIONS DIVERSES
RELATIVES AUX SCIENCES GÉOGRAPHIQUES ET ETHNOGRAPHIQUES

PAR

M. VIVIEN DE SAINT-MARTIN

Président honoraire de la Société de Géographie
Membre correspondant de l'Académie royale de Berlin
des Sociétés géographiques de Saint-Pétersbourg, de Berlin, de Vienne, de Darmstadt
de Dresde, de Genève, de Rio-de-Janeiro, de Leipzig et de New-York
Membre correspondant de la Société des Antiquaires de l'Ouest
de la Société d'émulation du Doubs, etc., etc.
Chevalier de la Légion d'honneur.

1862-1874

FORMANT 12 VOLUMES IN-18 JÉSUS

à 3 fr. 50 cent.

Il paraît, depuis 1863, un volume au commencement de chaque année. La collection est à son douzième volume.

Nous pouvons, encore aujourd'hui, reproduire quelques extraits de la courte introduction que l'auteur plaça, il y a douze ans, en tête de son premier volume :

« ... Ce qui nous manque en France, ce n'est pas la science, c'est la diffusion...

« Il est temps d'y songer sérieusement, et de secouer l'apathie où nous nous étions assoupis. Nous pouvons regagner bien vite la place que nous avons laissé prendre. Quand un prodigieux mouvement s'accomplit dans le domaine tout entier des études historiques; quand d'immortelles découvertes, dont l'initiative appartient à la France, renouvellent en quelque sorte les fondements de la science et en agrandissent immensément les horizons, les études géographiques, qui sont la base de toutes les autres, ne pouvaient rester plus longtemps dans l'état de stagnation où elles s'étaient affaissées. Sous ce rapport l'enseignement appelait, surtout dans ses degrés supérieurs, de grandes mesures trop longtemps différées.

« Nous avons pensé que nous pouvions, dans une sphère plus modeste, aider à ce mouvement régénérateur. On n'aime que ce que l'on connaît; et il faut avouer que dans le nombre immense de publications dont la presse alimente incessamment les mille canaux de la publicité, une part bien petite est faite à ce qui peut réveiller ou propager le goût des choses géographiques. Le grand succès du *Tour du Monde* montre cependant ce que l'on peut faire dans cette voie, si l'on sait rendre acceptable pour le grand nombre des notions auxquelles nul esprit éclairé ne doit rester étranger.

« Nous avons voulu aller plus loin que par sa nature même ne peut aller le *Tour du Monde*. Nous avons voulu exposer chaque année, dans un tableau aussi complet que le permet notre cadre, aussi vivant que le sujet le comporte, aussi intéressant que pourra le faire notre faible talent, le mouvement tout entier des travaux géographiques. Nous avons voulu raconter tout ce qui se fait et dire tout ce qui se publie. Nous avons voulu suivre les voyageurs dans leurs courses, les explorateurs dans leurs recherches, les savants et les observateurs dans leurs études et dans leurs investigations ; nous avons voulu surtout dégager de cette masse de travaux et de publications ce qui constitue, en fin de compte, la connaissance acquise et le progrès accompli. »

Cette impulsion immense qui porte les nations de l'Europe vers l'exploration du monde et l'étude des peuples étrangers est, après tout, un des grands côtés, le plus grand peut-être, de la civilisation moderne. Il y a là un intérêt philosophique de l'ordre le plus élevé, en même temps qu'un intérêt pratique de tous les instants. S'il est une science vivante entre toutes, c'est la géographie ; nous serions bien heureux que la publication de l'*Année géographique* ait pu et puisse encore contribuer pour sa part à en populariser le goût de plus en plus, et à en relever l'étude affaiblie.

HISTOIRE DE LA GÉOGRAPHIE

UN VOLUME IN-8º DE 632 PAGES
ACCOMPAGNÉ D'UN ATLAS HISTORIQUE EN 12 FEUILLES. 1873

M. Vivien de Saint-Martin a voulu, dans cet ouvrage, mettre à la portée de tous un sujet trop négligé, trop peu connu, et qui cependant n'est rien moins qu'un des grands côtés de l'histoire générale. Tout en s'appuyant constamment sur les sources originales, et en mettant le lecteur à même d'y recourir, il a écarté les dehors arides d'un exposé technique ; sans ôter à la science le caractère élevé qui lui appartient, il a voulu lui donner, autant qu'il a été en lui, les formes littéraires qu'exigent avant tout chez nous les esprits cultivés.

V

VOYAGES

Abbadie (Arnaud d') : *Douze ans de séjour dans la Haute-Ethiopie (Abyssinie)*. Tome Ier. 1 vol. in-8. 7 fr. 50

Agassiz (M. et Mme) : *Voyage au Brésil*, traduit de l'anglais, par F. Vogeli et abrégé par J. Belin de Launay. 1 vol. in-18 jésus, avec 16 gravures et 1 carte. 2 fr. 25
Le même, sans les gravures. 1 fr. 25

Aunet (Mme L. d') : *Voyage d'une femme au Spitzberg*. 1 vol. in-18 jésus, avec 34 vignettes. 2 fr. 25
Le même, sans les vignettes. 1 fr. 25

Baines (Thomas) : *Voyages dans le sud-ouest de l'Afrique*, traduits et abrégés par J. Belin de Launay. 1 vol. in-18 jésus, avec 1 carte et 22 gravures. 2 fr. 25
Le même ouvrage, sans les gravures. 1 fr. 25

Baker (sir Samuel White) : *Découverte de l'Albert N'yanza*, traduit de l'anglais par Gustave Masson. 1 vol. in-8, avec 8 gravures et 2 cartes. 10 fr.
Le même ouvrage, abrégé par J. Belin de Launay. 1 vol. in-18 jésus, avec 16 vignettes et 2 cartes. 2 fr. 25
Le même, sans les vignettes. 1 fr. 25 c.

Baldwin : *Du Natal au Zambèse. 1861-1866. Récits de chasse*. Traduction de Mme Henriette Loreau, abrégée par J. Belin de Launay. 1 volume in-18 jésus, avec 24 gravures et 1 carte. 2 fr. 25
Le même ouvrage, sans les gravures. 1 vol. 1 fr. 25

Bouyer (Frédéric), capitaine de frégate : *La Guyane française, notes et souvenirs d'un voyage exécuté en 1862-1863*. 1 vol. in-4, tiré sur papier teinté, avec 100 gravures par Riou, Rapine et Delahaye, et 3 cartes. 10 fr.

Burton (le capitaine) : *Voyage aux grands lacs de l'Afrique orientale*, traduit de l'anglais par Mme H. Loreau. 1 vol. in-8, avec 37 vignettes dans le texte. 10 fr.
— *Voyages à la Mecque, aux grands lacs d'Afrique et chez les Mormons*, abrégés par J. Belin de Launay. 1 volume in-18 jésus, avec 12 gravures et 3 cartes. 2 fr. 25
Le même ouvrage, sans gravures. 1 vol. 1 fr. 25

David (l'abbé) : *Journal de mon troisième voyage d'exploration dans l'empire chinois*. 2 vol. in-18 jésus. 7 fr.

Davillier (le baron Ch.) : *L'Espagne*. 1 magnifique vol. in-4, avec 300 gravures sur bois, d'après les dessins de G. Doré. 50 fr.

Deville (L.) : *Excursions dans l'Inde*. 1 vol. in-18 jésus. 3 fr. 50

Duruy (Victor) : *Causeries de voyage : De Paris à Vienne*. 1 vol. in-18 jésus. 3 fr. 50

Énault (L.) : *Constantinople et la Turquie*. 1 vol. in-18 jésus. 3 fr. 50

Forbin (comte de) : *Voyage à Siam*. 1 vol. in-18 jésus. 50 c.

Garnier (F.) : *Voyage d'exploration en Indo-Chine*. 2 vol. in-4, contenant 158 gravures sur bois, avec un atlas in-folio cartonné, renfermant 12 cartes, 10 plans, 2 eaux-fortes, 10 chromo-lithographies, 4 lithographies à 3 teintes et 31 lithographies à 2 teintes. 200 fr.

Gobineau (comte A. de) : *Trois ans en Asie (1856-1858)*. 1 vol. in-8. 3 fr.

Hayes (le docteur J.-J.) : *La mer libre du pôle, voyages et découvertes dans les mers Arctiques (1860-1861)*, traduit de l'anglais et accompagné de notes complémentaires par M. E. de Lanoye. 1 vol. in-8 avec 70 gravures et 3 cartes. 10 fr.

Le même ouvrage, abrégé par J. Belin de Launay. 1 vol. in-18 jésus, avec 14 gravures et 1 carte. 2 fr. 25
Le même, sans gravures. 1 fr. 25
— *La Terre de désolation*, excursion d'été au Groënland, traduit de l'anglais par J.-M.-L. Reclus. 1 vol. in-8, avec 43 gravures et une carte. 10 fr.

Hepworth Dixon : *La Russie libre*. Ouvrage traduit de l'anglais par Em. Jonveaux. 1 vol. in-8º avec 75 gravures par Bayard, de Neuville, Thérond, Hubert-Clerget, Moynet; et une carte. 10 fr.

Hervé et de Lanoye : *Voyage dans les glaces du pôle arctique*. 1 vol. in-18 jésus, avec 40 vignettes. 2 fr. 25

Hugo (Victor) : *Le Rhin*. 3 vol. in-18 jésus. 10 fr. 50

Hübner (le baron de) : *Promenade autour du monde*; 4e édition. 2 vol. in-18 jésus. 7 fr.

Humbert (Aimé) : *Le Japon illustré*. 2 beaux vol. in-4, avec 500 gravures sur bois, d'après Bayard, de Neuville, E. Thérond, Hubert-Clerget, etc., 1 carte du Japon et 2 plans. 50 fr.

Lacour (Raoul) : *L'Égypte, d'Alexandrie à la seconde cataracte*. 1 vol. in-8, avec gravures sur bois et cartes d'Égypte et de Nubie. 7 fr. 50

Lamartine : *Voyage en Orient*. 2 vol. in-8, avec gravures sur acier. 15 fr.
Le même ouvrage, sans gravures. 2 vol. in-18 jésus. 7 fr.

Lanoye (Fr. de) : *Le Nil et ses sources*. 1 vol. in-18 jésus, avec 32 vignettes et cartes. 2 fr. 25
Le même ouvrage, sans vignettes. 1 vol. 1 fr. 25
— *La Sibérie*. 1 vol. in-18 jésus, avec 48 vignettes. 2 fr. 25
— *La mer polaire*, voyage de *l'Erèbe* et de *la Terreur*, et expédition à la recherche de Franklin ; 3e édition. 1 vol. in-18 jésus, avec 29 vignettes et des cartes. 2 fr. 25

Laporte (Laurent) : *L'Égypte à la voile*. 1 vol. in-18 jésus. 3 fr.

Le Tour du monde. (Voyez page 5.)
— *Table décennale du Tour du monde* (1860-1869). Brochure in-4. 1 fr.

Lejean (Guillaume) : *Voyage en Abyssinie*. 1 vol. in-4 et atlas. 20 fr.

Liégeard (Stéphen) : *Vingt journées d'un touriste au pays de Luchon*. 1 vol. in-18 jésus. 3 fr. 50

Livingstone (David) : *Explorations dans l'intérieur de l'Afrique australe*. Ouvrage traduit de l'anglais par Mme H. Loreau. 1 vol. in-8, avec 45 gravures et 2 cartes. 10 fr.

Livingstone (David et Charles) : *Explorations du Zambèse et de ses affluents, et découverte des lacs Chiroua et Nyassa (1858-1864)*. Ouvrage raduit de l'anglais par Mme H. Loreau. 1 vol. in-8º avec 47 gravures et 4 cartes. 10 fr.
— *Explorations dans l'Afrique australe*, abrégées par J. Belin de Launay. 1 volume in-18 jésus, avec 20 gravures et une carte. 2 fr. 25
Le même ouvrage, sans gravures. 1 vol. 1 fr. 25

Mage (le lieutenant E.) : *Voyage dans le Soudan occidental (Sénégambie et Niger, 1863-1866)*. 1 vol. in-8, avec 60 gravures d'après les dessins de l'auteur, par E. Bayard, de Neuville et Tournois, et 8 cartes et plans.
L'édition illustrée est épuisée; il reste seulement treize exemplaires sur papier de Chine du prix de 25 fr.
Le même ouvrage, abrégé. 1 volume in-18 jésus, avec 16 gravures et 1 carte. 2 fr. 25
Le même ouvrage, sans grav. 1 fr. 25

Marcoy (Paul) : *Voyage à travers l'Amérique du Sud, de l'océan Atlantique à l'océan Pacifique*. Deux magnifiques vol. in-4, avec 626 gravures sur bois par Riou, et 20 cartes. 50 fr.
— *Scènes et paysages dans les Andes*. 2 vol. in-18 jésus. 2 fr. 50

Marmier (X.), de l'Académie française : *Lettres sur le Nord* ; 5e édit. 1 vol. in-18 jésus. 3 fr. 50
— *Un été au bord de la Baltique et de la mer du Nord*. 1 vol. in-18 jésus. 3 fr. 50
— *De l'Est à l'Ouest*. 1 vol. in-18 jésus. 3 fr. 50

Milton (le vicomte) et le Dr **Cheadle** : *Voyage de l'Atlantique au Pacifique, à travers le Canada, les montagnes Rocheuses et la Colombie anglaise*. Ouvrage traduit de l'anglais par J. Belin de Launay. 1 vol. in-8, avec 22 vignettes et 2 cartes. 10 fr.

Le même ouvrage, abrégé, avec 16 gravures et 2 cartes. 1 vol. in-18 jésus. 2 fr. 25

Le même ouvrage, sans gravures. 1 vol. 1 fr. 25

Moges (le marquis de) : *Souvenirs d'une ambassade en Chine et au Japon*. 1 vol. in-18 jésus. 1 fr. 25

Montégut (Emile) : *Tableaux de la France. Souvenirs de Bourgogne*. 1 vol. in-18 jésus. 3 fr. 50

En Bourbonnais et en Forez. 1 vol. in-18 jésus. 3 fr. 50

Mouhot (Charles) : *Voyage dans les royaumes de Siam, de Cambodge et de Laos*. 1 vol. in-18 jésus, avec 28 gravures et une carte. 2 fr. 25

Le même ouvrage, sans gravures. 1 vol. 1 fr. 25

Palgrave (William Gifford) : *Une année de voyage dans l'Arabie centrale* (1862-1863). Ouvrage traduit de l'anglais par E. Jonveaux. 2 vol. in-8, avec 1 carte et 4 plans. 10 fr.

Le même ouvrage, abrégé par J. Belin de Launay. 1 vol. in-18 jésus, avec 12 gravures et 1 carte. 2 fr. 25

Le même ouvrage, sans gravures. 1 vol. 1 fr. 25

Pascal (L.) : *La Cange, voyage en Égypte*. 1 vol. in-18 jésus. 2 fr.

Perron d'Arc : *Aventures d'un voyageur en Australie* ; 2ᵉ édit. 1 vol. in-18 jésus, avec 25 gravures. 2 fr. 25

Le même ouvrage, sans gravures. 1 vol. 1 fr. 25

Perrot (Georges) : *L'île de Crète*, souvenirs de voyage. 1 vol. in-18 jésus. 1 fr. 25

Pfeiffer (Mme Ida) : *Voyage d'une femme autour du monde*, traduit de l'allemand par W. de Suckau ; 3ᵉ édit. 1 vol. in-18 jésus, avec carte. 3 fr. 50

— *Mon second voyage autour du monde*, traduit de l'allemand par W. de Suckau ; 2ᵉ édit. 1 vol. in-18 jésus, avec carte. 3 fr. 50

— *Voyage à Madagascar*, traduit de l'allemand par W. de Suckau, et précédé d'une notice sur Madagascar, par Fr. Riaux. 1 vol. in-18 jésus, avec carte. 3 fr. 50

— *Voyages autour du monde*, abrégés par J. Belin de Launay ; 2ᵉ édit. 1 vol. in-18 jésus, avec 16 gravures et une carte. 2 fr. 25

Le même ouvrage, sans gravures. 1 vol. 1 fr. 25

Raynal (F.-E.) : *Les naufragés, ou vingt mois sur un récif des îles Auckland*, récit authentique. 1 vol. in-8, avec 40 gravures, par A. de Neuville, 10 fr.

Rousselet (L.) : *L'Inde des Rajahs*. 1 vol. in-4, avec 517 gravures et 5 cartes. 50 fr.

Schweinfurth (Dr Georges) : *Au cœur de l'Afrique ; trois ans de voyages et d'aventures dans les régions inexplorées de l'Afrique centrale de 1868 à 1871*. Ouvrage traduit de l'anglais avec l'autorisation de l'auteur, par Mme H. Loreau. 2 beaux volumes in-8º raisin, avec 150 gravures et 2 cartes, brochés. 20 fr.

Speke (le capitaine) : *Journal de la découverte des sources du Nil* ; 2ᵉ édit. 1 vol. in-8, avec 3 cartes et 78 gravures d'après les dessins du capitaine Grant. 10 fr.

Le même ouvrage, édition abrégée par J. Belin de Launay ; 2ᵉ édit. 1 vol. in-18 jésus, avec 24 gravures et 3 cartes. 2 fr. 25

Le même ouvrage, sans les gravures. 1 vol. 1 fr. 25

Stanley (H.) : *Comment j'ai retrouvé Livingstone*, traduit de l'anglais par Mme H. Loreau. 1 vol. in-8, avec 60 gravures et 5 cartes. 10 fr.

Taine (H.) : *Voyage aux Pyrénées* ; 2ᵉ édit. 1 beau vol. in-8, tiré sur papier teinté, avec 350 vignettes par Gustave Doré. 10 fr.

Le même ouvrage, sans les vignettes. 1 vol. in-18 jésus. 3 fr. 50

— *Voyage en Italie*. 2 vol. in-18 jésus, qui se vendent séparément :

TOME I : *Naples et Rome*. 3 fr. 50
TOME II : *Florence et Venise*. 3 fr. 50

— *Notes sur l'Angleterre*. 1 vol. in-18 jésus. 3 fr. 50

Thomson (C. Wyville) : *Les abîmes de la mer*. Récits des croisières du

Porc-Epic et de *l'Eclair* et des résultats obtenus par les draguages faits à bord de ces navires en 1868, 1869, 1870. Ouvrage traduit de l'anglais par le Dr Lortert. 1 vol. in-8, avec 94 gravures. 15 fr.

Trémaux (P.) : *Voyage dans la Nigritie, au Soudan oriental et dans l'Afrique septentrionale.* Grand atlas de 51 planches in-folio, avec textes, cartes, etc. 120 fr.

— *Exploration archéologique en Asie Mineure*, comprenant les restes non connus de 40 cités antiques.
Formera 43 livraisons de 5 planches in-folio et texte. Les 10 premières livraisons sont en vente. Prix de chaque livraison. 10 fr.

— *Voyage au Soudan.* In-8. 4 fr.

Vambéry (Arminius) : *Voyages d'un faux derviche dans l'Asie centrale, de Téhéran à Khiva, à Bokhara et à Samarcand.* Ouvrage traduit de l'anglais par M. E.-D. Forgues. 1 beau vol. in-8, avec 34 gravures et une carte. 10 fr.

Le même ouvrage, abrégé par J. Belin de Launay; 3e édit. 1 vol. in-18 jésus, avec 18 gravures et une carte. 2 fr. 25

Le même ouvrage, sans gravures. 1 vol. 1 fr. 25

Varigny (C. de) : *Quatorze ans aux îles Sandwich.* 1 vol. in-18 jésus, 3 fr. 50

Wey (Fr.) : *Rome, descriptions et souvenirs;* 3e éd. 1 magnifique volume in-4, avec 346 gravures et un plan de Rome. 50 fr.

— *La Haute Savoie;* 2e édition. 1 vol. in-18 jésus. 3 fr. 50

Whymper (E.) : *Escalades dans les Alpes.* Ouvrage traduit de l'anglais par Ad. Joanne. 1 vol. in-8, avec 75 gravures d'après les croquis de l'auteur. 10 fr.

Whymper (Fr.) : *Voyages et aventures dans l'Alaska.* Ouvrage traduit de l'anglais par M. Emile Jonveaux. 1 vol. in-8º, avec 37 gravures et 1 carte. 10 fr.

VI

OUVRAGES DIVERS

Annuaire du club alpin français. Première année, 1874. 1 vol. in-8°, avec gravures et cartes. 15 fr.

Desjardins (Ernest), maître de conférences à l'Ecole normale supérieure: *Atlas géographique de l'Italie ancienne*, composé de 7 cartes et d'un dictionnaire de tous les noms qui y sont contenus, avec l'indication de leurs positions et les renvois aux cartes de l'atlas. In-folio, demi-reliure. 4 fr.

— *Table de Peutinger*, d'après l'original conservé à Vienne, précédée d'une introduction historique et critique, et accompagnée : 1° d'un index alphabétique des noms de la carte originale avec les lectures des éditions précédentes ; 2° d'un texte donnant, pour chaque nom, le dépouillement géographique des auteurs anciens, des inscriptions, des médailles et le résumé des discussions touchant son emplacement ; 3° d'une carte de redressement, comprenant tous les noms à leur place et identifiés, quand cela est possible, avec les localités modernes correspondantes ; 4° d'une seconde carte rétablissant la conformité des indications générales de la table avec les connaissances présumées des Romains sous Auguste (*Orbis pictus d'Agrippa*). L'ouvrage complet formera 18 livraisons in-folio, du prix de 10 fr. Les 14 premières livraisons sont en vente.

La *Table de Peutinger*, dont l'original unique est conservé à la bibliothèque impériale de Vienne, est la copie faite au treizième siècle d'un document beaucoup plus ancien, remontant même, très-certainement, à l'époque de l'empire romain et à la période comprise entre Auguste et les fils de Constantin. Cette carte représente l'*Orbis Romanus*. La copie du treizième siècle est exécutée sur onze feuilles de parchemin. Elle représente les régions provinciales, les provinces, les peuples et le réseau des routes de l'empire au quatrième siècle, avec les distances qui les séparent, distances exprimées en lieues gauloises.

— *Géographie de la Gaule*, d'après la table de Peutinger. 1 vol. grand in-8. avec cartes. 25 fr.

Duval (Jules): *Notre planète*. 1 vol. in-18 jésus. 3 fr. 50

— *Notre pays*. 1 vol. in-18 jésus. 1 fr. 25

Martin de Moussy (V.): *Description géographique et statistique de la Confédération Argentine*. 3 vol. in-8 brochés et *atlas* in-folio de 30 cartes, cartonné. 75 fr.

Les 3 volumes se vendent séparément, 30 fr.
L'atlas. 45 fr.

Maury (Alfred), membre de l'Institut : *La terre et l'homme*, ou aperçu de géologie, de géographie et d'ethnologie générales; 3e éd. 1 vol. in-18 jés. 5 fr.

Reclus (Elisée): *La terre*, description des phénomènes de la vie du globe ; 2e édit. :

Première partie : *Les continents*. Un magnifique vol. grand in-8, avec 250 figures et 24 cartes tirées en couleur. 15 fr.

Deuxième et dernière partie : *L'océan, l'atmosphère, la vie*. Un magnifique vol. grand in-8, avec 230 cartes ou figures intercalées dans le texte et 2 grandes cartes tirées en couleur. 15 fr.

— *Les phénomènes terrestres*. 2 vol. in-18 jésus :

I. *Les continents*. 1 vol.
II. *Les mers et les météores*. 1 vol.

Chaque volume séparément. 1 fr. 25

— *Nouvelle géographie universelle :* La terre et les hommes.
(Voir page 4.)

Strabon : *Géographie,* traduction nouvelle par M. Amédée Tardieu, sous-bibliothécaire de l'Institut. Tomes I et II.
Prix de chaque vol. 3 fr. 50
L'ouvrage formera 3 volumes.

Vivien de Saint-Martin, vice-président de la Société géographique de Paris : *Histoire de la géographie* et des découvertes géographiques, depuis les temps les plus reculés jusqu'à nos jours. 1 vol. in-8 et atlas in-folio de 12 cartes en couleurs. 20 fr.
(Voir page 7.)

— *L'Année géographique,* revue annuelle des voyages de terre et de mer, ainsi que des explorations, missions, relations et publications diverses relatives aux sciences géographiques et ethnographiques. Treize années (1862-1874) formant douze volumes in-18 jésus.
Chaque volume séparément, 3 fr. 50
Les années 1870-1871 ne forment qu'un volume.
(Voir page 6.)

VII

GUIDES ET ITINÉRAIRES

POUR LES VOYAGEURS

Cette collection, qui comprend **103 volumes**, est constamment tenue à jour et continuée sous la direction de M. **Adolphe Joanne**.

I. GUIDES DIAMANT

In-32 jésus.

Nouvelle série de guides portatifs, contenant dans un petit format tous les renseignements nécessaires aux voyageurs.

Chaque volume, élégamment cartonné en percaline gaufrée, est accompagné de cartes et de gravures.

FRANCE.

Biarritz et autour de Biarritz, par *Germond de Lavigne*. 1 vol. 2 fr. 50

Bordeaux, Arcachon, Royan, par *Ad. Joanne*. 1 vol. 2 fr. 50

Boulogne, Calais, Dunkerque, par *Michelant*. 1 vol. 3 fr.

Bretagne, par *Ad. Joanne*. 1 vol. 4 fr.

Dauphiné et Savoie, par le même. 1 vol. 5 fr.

Dieppe et le Tréport, par le même. 1 vol. 2 fr. 50

France, par le même. 1 vol. 6 fr.

Hyères et Toulon, par le même. 1 vol. 2 fr. 50

Le Havre, Étretat, Fécamp, Saint-Valery-en-Caux, par le même. 1 vol. 3 fr.

Lyon et ses environs, par le même. 1 vol. 3 fr.

Marseille et ses environs, par *Alfred Saurel*. 1 vol. 3 fr.

Mont-Dore (le) et ses environs, par *Louis Piesse*. 1 vol. 3 fr.

Nice, Cannes, Monaco, Menton, San Remo, par *Elisée Reclus*. 1 volume. 2 fr. 50

Normandie, par *Ad. Joanne*. 1 volume. 4 fr.

Paris, en français, par le même. 1 volume. 2 fr. 50

Paris, en anglais, par le même. 1 volume. 3 fr.

Paris, en espagnol, par le même. 1 volume. 3 fr.

Paris, en allemand, par le même. 1 volume. 3 fr.

Pyrénées, par *Ad.* et *Paul Joanne*. 1 vol. 5 fr.

Stations d'hiver (les) **de la Méditerranée**, par *Paul Joanne*. 1 volume. 3 fr. 50

Trouville et les bains de mer du Calvados, par *Ad. Joanne*. 1 vol. 3 fr.

Vichy et ses environs, par *Louis Piesse*. 1 vol. 2 fr. 50

Vosges et Ardennes, par *Ad. Joanne*. 1 vol. 3 fr.

ÉTRANGER.

Bade et la Forêt Noire, par *Ad. Joanne*. 1 vol. — 3 fr.
Baden and the Black Forest, par le même. 1 vol. — 3 fr.
Belgique et Hollande, par *A.-J. Du Pays*. 1 vol. — 5 fr.
Espagne et Portugal, par *Germond de Lavigne*. 1 vol. — 4 fr.
Italie et Sicile, par *A.-J. Du Pays*. 1 vol. — 4 fr.
Londres et ses environs, par *L. Rousselet*. 1 vol. — 5 fr.
Paris à Vienne (de), Bavière, Autriche, Hongrie, par *P. Joanne*. 1 vol. — 4 fr.
Rome et ses environs, par *A.-J. Du Pays*. 1 vol. — 5 fr.
Spa et ses environs, par *Ad. Joanne*. 1 vol. — 2 fr. 50
Suisse, par le même. 1 vol. — 6 fr.

II. GUIDES ET ITINÉRAIRES

POUR

LA FRANCE ET L'ALGÉRIE

Format in-18 jésus.

Chaque volume, relié en percaline gaufrée, est accompagné de cartes et de gravures.
(Voir aussi aux *Guides diamant*, page 12.)

GUIDES POUR PARIS ET SES ENVIRONS.

Paris illustré, par *Ad. Joanne*. 1 vol. — 12 fr.
Liste alphabétique des rues de Paris. 1 vol. — 60 c.
Paris (nouveau plan de), dressé par *A. Vuillemin*, et tiré en taille-douce sur une feuille grand monde (1872).
Le plan seul en feuille. — 1 fr. 50
Le plan en feuille, avec la liste alphab. — 2 fr. »
Cartonné, avec la liste alphabétique. — 2 fr. 50
Collé sur toile et relié en percaline. — 4 fr. 50
Environs de Paris illustrés, par *Ad. Joanne*. 1 vol. — 9 fr.
Versailles, son palais, son jardin, son musée, ses eaux, les deux Trianons, par le même. 1 vol. — 3 fr.
Versailles et les deux Trianons, extrait du précédent. 1 vol. in-32. — 1 fr.
Le parc et les grandes eaux de Versailles. 1 vol. extrait du précédent, broché. — 50 c.
Guide to Versailles, by *Ad. Joanne*, translated into english. With numerous illustrations and three plans. 1 vol. — 3 fr.
Fontainebleau, son palais, sa forêt et ses environs, par *Ad. Joanne*. 1 volume. — 3 fr.

GUIDES GÉNÉRAUX POUR LA FRANCE.

ITINÉRAIRE GÉNÉRAL DE LA FRANCE, par *Ad. Joanne*.

I. **Paris illustré**. 1 vol. — 12 fr.
II. **Environs de Paris illustrés**. 1 vol. — 9 fr.
III. **Bourgogne, Franche-Comté, Savoie**. 1 vol. — 8 fr.
IV. **Auvergne, Morvan, Velay, Cévennes**. 1 vol. — 10 fr.
V. **Loire et Centre**. 1 vol. — 12 fr.
VI. **Pyrénées**. 1 vol. — 12 fr.
VII. **Bretagne**. 1 vol. — 10 fr.
VIII. **Normandie**. 1 vol. — 10 fr.
IX. **Nord**. 1 vol. — 8 fr.
X. **Vosges et Ardennes**. 1 volume. — 11 fr.
Guide du voyageur en France, par *Richard*. Nouvelle édition, revue et complétée. 1 vol. — 12 fr.
Guide du voyageur dans la France monumentale, par *Richard* et *E. Hocquart*. 1 vol. — 9 fr.

GUIDES GÉNÉRAUX POUR UNE PROVINCE OU POUR UNE VILLE.

Pau, Eaux-Bonnes, Eaux-Chaudes : bains, séjour, excursions. 1 vol. in-12, broché. — 2 fr.
Plombières, par *Édouard Lemoine* et le docteur *Lhéritier*. 1 vol. — 4 fr. 50

ITINÉRAIRES ILLUSTRÉS DES CHEMINS DE FER FRANÇAIS

LIGNES DE L'EST :

De Paris à Strasbourg, par *Moléri*, 1 vol. — 4 fr. 50

De Strasbourg à Bâle, par *Moléri*, 1 vol. broché. — 1 fr.

De Paris à Strasbourg et à Bâle, par le même. 1 vol. — 5 fr.

De Paris à Mulhouse et à Bâle, par *G. Héquet*. 1 vol. — 4 fr. 50

LIGNES DE LYON ET DE LA MÉDITERRANÉE :

De Paris à Lyon, par *Ad. Joanne*. 1 vol. — 5 fr.

De Paris en Suisse, par Dijon, Dôle et Besançon, par le même 1 volume. — 4 fr. 50

De Dijon en Suisse, par Dôle et Besançon, par le même. 1 volume, broché. — 2 fr.

De Lyon à la Méditerranée, par *Ad. Joanne* et *J. Ferrand*. 1 volume — 5 fr.

De Paris à la Méditerranée, comprenant de Paris à Lyon, par *Ad. Joanne*, et de Lyon à la Méditerranée, par *Ad. Joanne* et *J. Ferrand*. 1 fort vol. — 9 fr.

LIGNES DU MIDI :

De Bordeaux à Toulouse, à Cette et à Perpignan, par *Ad. Joanne*. 1 vol. — 4 fr. 50

De Bordeaux à Bayonne, à Biarritz, à Arcachon, à Saint-Sébastien, à Mont-de-Marsan et à Pau, par le même. 1 vol. — 3 fr. 50

LIGNES DU NORD :

De Paris à Boulogne, à Saint-Valery, au Tréport, à Calais, à Dunkerque, à Valenciennes et à Beauvais, par *Eugène Pénel*. 1 vol. — 5 fr.

De Paris à Bruxelles, à Cologne, à Senlis, à Laon, à Dinant, à Givet, à Namur, à Luxembourg, à Liége, à Verviers, à Spa, à Trèves, à Maestricht, par *A. Morel*. 1 vol. 3 fr. 50

LIGNE D'ORLÉANS ET PROLONGEMENTS :

De Paris à Bordeaux, par *Ad. Joanne*. 1 vol. — 4 fr. 50

De Paris à Nantes et à Saint-Nazaire (par Orléans, Blois et Tours), par le même. 1 vol. — 5 fr.

De Paris à Nantes, par le Mans, Sablé et Angers.
Voir *Lignes de l'Ouest*.

De Paris à Agen (par Vierzon, Limoges et Périgueux), par *Célestin Port*. 1 vol. — 5 fr.

De Nantes à Brest, à Saint-Nazaire, à Rennes et à Pontivy, par *Pol de Courcy*. 1 vol. — 4 fr. 50

De Poitiers à la Rochelle, à Rochefort et à Royan, par *Ad. Joanne*. 1 volume, broché. — 2 fr.

De Paris à Sceaux et à Orsay, par *Ad. Joanne*. 1 vol. broché. — 1 fr. 25

LIGNES DE L'OUEST :

De Paris à Rouen et au Havre, par *Eugène Chapus*. 1 vol. — 4 fr. 50

De Paris à Rennes et à Alençon, par *A. Moutié*. 1 vol. — 4 fr. 50

De Paris à Cherbourg, par *L. Énault*. 1 vol. — 4 fr. 50

De Paris à Nantes, par le Mans, Sablé et Angers, par *D. Moutié, E. L.* et *Ad. Joanne*. 1 vol. 4 fr. 50

De Paris à Saint-Germain, à Poissy et à Argenteuil, par *Ad. Joanne*. 1 vol. — 2 fr. 50

De Rennes à Brest et à Saint-Malo, par *Pol de Courcy*. 1 volume — 4 fr. 50

GUIDE POUR L'ALGÉRIE.

Itinéraire historique et descriptif de l'Algérie, Tunis et Tanger, par *L. Piesse*. 1 vol. avec 6 cartes. — 12 fr.

III. GUIDES ET ITINÉRAIRES
POUR
LES PAYS ÉTRANGERS.
Format in-18 jésus.

Chaque volume, relié en percaline gaufrée, est accompagné de cartes, plans ou gravures.

(Voir aussi aux *Guides diamant*, page 14.)

ALLEMAGNE ET BORDS DU RHIN.

Itinéraire historique et descriptif de l'Allemagne du Nord; 3e éd. par *Ad. Joanne :* comprenant Strasbourg, Bade, Carlsruhe, Heidelberg, Darmstadt, Francfort, Hombourg, Mayence, Wiesbade, Creuznach, Luxembourg, Trèves, Coblentz, Ems, Bonn, Cologne, Aix-la-Chapelle, Dusseldorf, Hanovre, Brunswick, Münster, Brême, Hambourg, Rostock, Schwerin, Magdebourg, Pyrmont, Gœttingen, Cassel, Gotha, Erfurth, Weimar, Kissingen, Cobourg, Bamberg, Iéna, Nuremberg, Leipzig, Berlin, Postdam, Stettin, Posen, Dantzig, Tilsitt, Kœnigsberg, Breslau, Dresde, Tœplitz. 1 vol. 12 fr.

Les bords du Rhin illustrés, par le même. 1 vol. 7 fr.

Les trains de plaisir des bords du Rhin, ou de Paris à Paris, par Strasbourg, Bade, Carlsruhe, Heidelberg, Manheim, Francfort, Mayence, Coblentz, Cologne, Aix-la-Chapelle, Spa, Liége et Bruxelles, par le même. 1 vol. 4 fr.

ANGLETERRE, ÉCOSSE ET IRLANDE.

Itinéraire descriptif et historique de la Grande-Bretagne, comprenant l'Angleterre, l'Ecosse et l'Irlande, par *Alphonse Esquiros*. 1 vol. 16 fr.

Itinéraire descriptif et historique de l'Écosse, par *Ad. Joanne*. 1 volume. 7 fr. 50

HOLLANDE.

Itinéraire descriptif, historique et artistique de la Hollande, par *A. Du Pays*. 1 vol. 6 fr.

ESPAGNE ET PORTUGAL.

Itinéraire descriptif, historique et artistique de l'Espagne et du Portugal, par *A. Germond de Lavigne*. 1 vol. 18 fr.

EUROPE.

Guide du voyageur en Europe, par *Ad. Joanne*. 1 fort vol. 22 fr.

Les bains d'Europe, guide descriptif et médical des eaux d'Allemagne, d'Angleterre, de Belgique, d'Espagne, de France, d'Italie et de Suisse, par *Ad. Joanne* et le docteur *A. Le Pileur*. 1 vol. 10 fr.

ITALIE.

Itinéraire descriptif, historique et artistique de l'Italie et de la Sicile, par *A.-G. Du Pays*. 2 forts volumes qui se vendent séparément :
Italie du Nord. 1 vol. 12 fr.
Italie du Sud. 1 vol. 12 fr.

De Paris à Venise : notes au crayon, par *Charles Blanc*. 1 vol. br. 3 fr.

ORIENT.

Itinéraire descriptif, historique et archéologique de l'Orient, par le docteur *Émile Isambert*. 2 forts volumes :
Grèce et Turquie d'Europe. 1 vol. br. 22 fr. Relié. 25 fr.
Egypte, Syrie, Palestine et Turquie d'Asie. 1 vol. (Sous presse.)

Trois ans en Judée, par *Gérardy Saintine*. 1 vol., broché. 2 fr.

SUISSE.

Itinéraire de la Suisse, du Mont-Blanc, de la vallée de Chamonix et des vallées du Piémont, par *Ad. Joanne*. 1 vol. 15 fr.

Guide illustré du voyageur en Suisse et à Chamonix, par le même. 1 volume. 5 fr.

Manuel du voyageur en Suisse et à Chamonix, nouvel Ebel, revu et complété, par *Ad. Joanne*. 1 vol. 6 fr.

VIII

GÉOGRAPHIE DE LA FRANCE

LIVRES ET ATLAS

Belin de Launay : *Petite géographie de la France.* 1 vol. grand in-18 de 36 pages, broché. 15 c.
    Cartonné. 20 c.

Cortambert : *Petite géographie illustrée de la France,* à l'usage des écoles primaires; 4ᵉ édit. 1 vol. in-18, avec 75 vignettes et une carte, cartonné en percaline gaufrée. 80 c.

— *Notions élémentaires de géographie générale et notions sur la géographie physique de la France et de la Terre Sainte* (classe préparatoire du cours d'enseignement secondaire), 1 vol. in-12, avec vignettes, cart. 80 c.
    Atlas correspondant (9 cartes). 1 vol. in-8, cartonné. 1 fr. 50

— *Géographie élémentaire de la France* (classe de Septième du cours d'enseignement secondaire). 1 vol. in-12, avec vignettes, cartonné. 1 fr. 20
    Atlas correspondant (15 cartes). 1 vol. in-8, cartonné. 2 fr. 50

— *Géographie de la France* (classe de Quatrième du cours d'enseignement secondaire). 1 vol. in-12, avec vignettes, cartonné. 1 fr. 50
    Atlas correspondant (23 cartes). 1 vol. in-8, cartonné. 3 fr. 50

— *Géographie de la France et de ses colonies* (classe de Rhétorique du cours d'enseignement secondaire). 1 vol. in-12, avec vignettes, cart. 3 fr.
    Atlas correspondant (30 cartes). 1 vol. in-8, cartonné. 4 fr.

— *Géographie élémentaire de la France* (année préparatoire du cours d'enseignement spécial). 1 vol. in-12, cartonné. 90 c.
    Atlas correspondant (12 cartes). 1 vol. in-8, cartonné. 2 fr. 50

— *Géographie agricole, industrielle, commerciale et administrative de la France et de ses colonies* (deuxième année du cours d'enseignement spécial). 1 vol. in-12, cartonné. 2 fr.
    Atlas correspondant (22 cartes). 1 vol. in-8, cartonné. 4 fr.

Heuzé, adjoint à l'inspection générale de l'agriculture : *La France agricole,* notions générales sur le sol, le climat, les engrais, les instruments, les cultures, les plantes, les assolements, les animaux, les agriculteurs célèbres, les concours et les fermes-écoles des différentes régions agricoles de la France.

Chaque région forme un volume in-12 avec de nombreuses figures dans le texte et se vend séparément :

Région du sud : Pyrénées-Orientales, Aude, Hérault, Gard, Ardèche, Drôme, Vaucluse, Basses-Alpes, Bouches-du-Rhône, Var, Alpes-Maritimes. 1 vol., cartonné. 1 fr. 25

Région du sud-ouest : Ariége, Haute-Garonne, Hautes-Pyrénées, Basses-Pyrénées, Landes, Gers, Tarn-et-Garonne, Tarn, Lot, Lot-et-Garonne, Dordogne, Charente, Charente-Inférieure, Gironde. 1 vol., cartonné. 1 fr. 25

Région de l'ouest : Vendée, Loire-Inférieure, Côtes-du-Nord, Ille-et-Vilaine, Mayenne, Morbihan, Finistère, Maine-et-Loire, Deux-Sèvres, Vienne. 1 vol., cartonné. 1 fr. 25

— *Carte murale de la France agricole.*
Voir page 25.

Joanne : *Dictionnaire géographique, administratif, postal, statistique et archéologique de la France, de l'Algérie et des colonies :* 1 fort volume grand in-8, broché. 25 fr.

— *Petit Dictionnaire géographique de la France;* ouvrage abrégé du précédent. 1 vol. in-18, cartonné. 6 fr.
Voir *Dictionnaires géographiques*, page 3.
— *Atlas de la France,* contenant 95 cartes tirées en quatre couleurs (1 carte générale de la France, 89 cartes départementales, 1 carte de l'Algérie, 4 cartes des colonies) et 94 notices géographiques, 1 vol. in-folio, cartonné. 40 fr.
Chaque carte se vend séparément, 50 c.
— *Géographie des départements de la France*, contenant la liste complète des communes du département et un dictionnaire alphabétique des localités les plus remarquables.

Chaque département forme un volume in-12 cartonné, contenant des vignettes intercalées dans le texte et une carte imprimée en quatre couleurs.

En vente :

PREMIÈRE SÉRIE, A 1 FR. 50 LE VOLUME.

Doubs; Landes; Meurthe.

DEUXIÈME SÉRIE, A 90 C. LE VOLUME.

Aisne; Allier; Aube; Bouches-du-Rhône; Cantal; Corrèze; Côte-d'Or; Deux-Sèvres; Haute-Saône; Indre-et-Loire; Loire; Loire-Inférieure; Loiret; Maine-et-Loire; Nord; Pas-de-Calais; Saône-et-Loire; Seine-Inférieure; Seine-et-Oise.

En préparation :

Aude; Charente; Charente-Inférieure; Dordogne; Haute-Vienne; Isère; Jura; Loir-et-Cher; Oise; Puy-de-Dôme; Rhône; Somme; Vienne.

— *Itinéraire général de la France :*
Paris illustré; 3e édit. 1 vol in-18 jésus de 1191 pages, avec 442 vignettes et 15 plans, cartonné. 12 fr.
Environs de Paris illustrés. 1 vol. in-18 jésus de 722 pages, avec 245 gravures, 4 cartes et 4 plans, cartonné. 9 fr.
Bourgogne, Franche-Comté, Savoie. 1 vol. in-18 jésus de 586 pages, avec 11 cartes, 5 plans et 1 panorama, cartonné. 8 fr.
Auvergne, Morvan, Velay, Cévennes; 2e édit. 1 vol in-18 jésus de 548 pages, avec 17 cartes, 11 plans, cartonné. 10 fr.
Loire et Centre. 1 vol. in-18 jésus de 730 pages, avec 26 cartes et 10 plans, cartonné. 12 fr.
Pyrénées; 4e édit. 1 fort vol. in-18 jésus de 787 pages, avec 13 cartes, 1 plan, 18 panoramas et une projection de la chaîne des Pyrénées, cartonné. 12 fr.
Bretagne; 2e édit. 1 vol. in-18 jésus de 672 pages, avec 10 cartes et 7 plans, cartonné. 10 fr.
Normandie; 2e édit., 1 vol. in-18 jésus de 696 pages, avec 7 cartes et 4 plans, cartonné. 10 fr.
Nord. 1 vol. in-18 jésus de 444 pages, avec 7 cartes et 8 plans, cartonné. 8 fr.
Vosges et Ardennes. 1 vol. in-18 jésus de 764 pages, avec 14 cartes et 7 plans, cartonné. 11 fr.
— *La France;* 3e édit. 1 vol. in-32, avec 8 cartes, cartonné. 6 fr.

Piesse (L.) : *Itinéraire historique et descriptif de l'Algérie,* comprenant le Tell et le Sahara. Ouvrage accompagné d'une carte générale de l'Algérie, d'une carte spéciale de chacune des trois provinces, et d'une carte spéciale de la Mitidja; 2e édition. 1 vol. in-18 jésus, cart. 12 fr.

Richard : *Guide du voyageur en France;* 27e édit., entièrement refondue. 1 vol. in-18 jésus, cart. 12 fr.

IX

OUVRAGES D'ENSEIGNEMENT

§ 1. LIVRES.

Ansart (F.): *Petite géographie moderne*; 36ᵉ édit., revue et corrigée par M. Ansart fils, ancien professeur d'histoire et de géographie. 1 vol. in-18, avec 30 vignettes, cart. 80 c.

Belin de Launay, inspecteur d'académie: *Petite géographie de la France*. 1 vol. grand in-18 de 36 pages, broché. 15 c.

Le cartonnage se paye en sus 5 c.

Cortambert: *Petite géographie illustrée du premier âge*, à l'usage des écoles et des familles; 4ᵉ édit. 1 vol. in-18, avec 88 vignettes ou cartes, cartonné en percaline gaufrée. 80 c.

— *Petite géographie illustrée de la France*, à l'usage des écoles primaires; 4ᵉ édit. 1 vol. in-18, avec 75 vignettes et une carte, cartonné en percaline gaufrée. 80 c.

— *Petite géographie*, à l'usage des écoles primaires; 9ᵉ édit. 1 vol. in-18, avec 24 vignettes, cartonné. 60 c.

— *Petit cours de géographie moderne*, avec un appendice pour la géographie de l'histoire sainte; 18ᵉ édit., 1 volume in-12, avec 63 vignettes, cartonné. 1 fr. 50

— *Le globe illustré*, géographie générale, à l'usage des écoles et des familles. 1 vol. in-4, avec 130 vignettes, 16 cartes tirées en couleur, cart. 4 fr.

— *Petite géographie générale*. 1 vol. grand in-18 de 36 pages, br. 15 c.

— Nouveau cours complet de géographie, rédigé conformément aux programmes de 1874, à l'usage des lycées et des colléges. 12 vol. in-12, cartonnés, avec gravures dans le texte, accompagnés d'atlas correspondant aux matières enseignées dans chaque classe:

Notions élémentaires de géographie générale et notions sur la géographie physique de la France et de la Terre Sainte (classe préparatoire). 1 vol. 80 c.

Géographie élémentaire des cinq parties du monde (classe de Huitième). 1 vol. 80 c.

Géographie élémentaire de la France (classe de Septième). 1 vol. 1 fr. 20

Géographie générale de l'Asie, de l'Afrique, de l'Amérique et de l'Océanie (classe de Sixième). 1 volume. 1 fr. 50

Géographie générale physique et politique de l'Europe, moins la France (classe de Cinquième). 1 vol. 1 fr. 50

Géographie de la France (classe de Quatrième). 1 vol. 1 fr. 50

Géographie de l'Europe (classe de Troisième). 1 vol. 2 fr.

Description particulière de l'Asie, de l'Afrique, de l'Amérique et de l'Océanie, précédée d'un résumé de la géographie générale (classe de Seconde). 1 vol. 3 fr.

Géographie de la France et de ses colonies, précédée de notions générales de géographie (classe de Rhétorique). 1 vol. 3 fr.

Résumé de géographie générale, offrant particulièrement les changements territoriaux survenus depuis 1848 (classe de Philosophie). 1 volume. 2 fr.

Eléments de géographie générale (classe de mathématiques préparatoires). 1 vol. 1 fr. 50

Géographie générale (classe de mathématiques élémentaires). 1 volume. 5 fr.

Voir pour les atlas, page 22.

— Cours de géographie, rédigé conformément aux programmes de l'enseignement spécial. 4 vol. in-12, cartonnés, accompagnés de pareil nombre d'atlas format in-8º :

Géographie élémentaire de la France (année préparatoire). 1 vol. 90 c.

Géographie des cinq parties du monde (1re année). 1 vol. 1 fr. 50

Géographie agricole, industrielle, commerciale et administrative de la France et de ses colonies (2e année). 1 vol. 2 fr.

Géographie commerciale des cinq parties du monde (3e année). 1 volume. 3 fr.

Voir pour les atlas, page 23.

— *Cours de géographie*, comprenant la description physique et politique, et la géographie historique des diverses contrées du globe; 12e édition, illustré de nombreuses vignettes. 1 vol. in-12, broché. 3 fr. 75
Cartonné. 4 fr.

Fillias: *Géographie de l'Algérie*. 1 vol. in-12, avec une carte, cart. 1 fr. 25

Joanne (Adolphe) : *Géographie des départements de la France, avec la liste complète des communes du département et un dictionnaire alphabétique des localités les plus remarquables*.

Chaque département, accompagné d'une carte et de vignettes intercalées dans le texte, forme un volume in-12 élégamment cartonné et se vend séparément.

En vente :

1re SÉRIE à 1 FR. 50 LE VOLUME.

Doubs; Landes; Meurthe.

DEUXIÈME SÉRIE A 90 C. LE VOLUME.

Aisne ; Allier ; Aube ; Bouches-du-Rhône; Cantal; Corrèze; Côte-d'Or; Deux-Sèvres; Haute-Saône; Indre-et-Loire; Loire; Loire-Inférieure; Loiret; Maine-et-Loire; Nord; |Pas-de-Calais; Saône-et-Loire; Seine-Inférieure; Seine-et-Oise.

En préparation :

Aude; Charente; Charente-Inférieure; Dordogne; Haute-Vienne; Isère; Jura; Loir-et-Cher; Oise; Puy-de-Dôme; Rhône; Somme; Vienne.

Meissas et Michelot: *Petite géographie méthodique*, à l'usage des jeunes enfants. 1 vol. in-18, cartonné. 60 c.

— *Géographie sacrée*, avec un plan de Jérusalem; 6e édit. 1 vol. in-18, cartonné. 1 fr. 25

— *Tableaux de géographie*, 28 tableaux de 49 cent. de hauteur sur 34 cent. de largeur. 3 fr.

— *Manuel de géographie*, reproduisant les tableaux. In-18, cartonné. 75 c.

— *Géographie ancienne*, comparée avec la géographie moderne ; 5e édit. 1 vol. in-12, cartonné. 2 fr. 50

— *Petite géographie ancienne*, comparée avec la géographie moderne ; 7e édit. 1 vol. in-18, cartonné. 1 fr.

— *Nouvelle géographie méthodique*, suivie d'un petit traité sur la construction des cartes ; 56e édit. 1 vol. in-12, cartonné. 2 fr. 50

Pape-Carpantier (Mme) : *Premières notions de géographie et d'histoire naturelle* (Cours d'éducation et d'instruction primaire ; 1re année préparatoire). 1 vol. in-18, cartonné. 75 c.

— *Géographie ; premières notions sur quelques phénomènes naturels* (2e année préparatoire). 1 vol. in-18, cartonné. 75 c.

— *Premiers éléments de cosmographie; géographie* (période élémentaire). 1 vol. in-18, cartonné. 1 fr. 50

Sardou: *Abrégé de géographie commerciale et industrielle* ; 5e édit. 1 vol. in-12, broché. 4 fr.

§ 2. ATLAS.

Bouillet : *Atlas universel d'histoire et de géographie*. Ouvrage faisant suite au *Dictionnaire d'histoire et de géographie* du même auteur, et comprenant : 1. LA CHRONOLOGIE : la concordance des principales ères avec les années avant et après Jésus-Christ, et des tables chronologiques universelles ; 2. LA GÉNÉALOGIE : des tableaux généalogiques des dieux et de toutes les familles historiques, et un traité élémentaire de l'art héraldique, qui comprend 12 planches coloriées ; 3. LA GÉOGRAPHIE : 88 cartes de géographie ancienne et moderne, avec un texte explicatif indiquant les ressources et les divisions de chaque pays; nouvelle édition. 1 vol. grand in-8, broché. 30 fr.

Le cartonnage en percaline gaufrée se paye en sus 3 fr. 25 c.; la demi-reliure en chagrin tranches jaspées, 5 fr. 50 c.

Le même ouvrage, sans les 12 planches de l'art héraldique, br. 21 fr.

Le cartonnage en percaline gaufrée se paye en sus 2 fr. 75 c.; la demi-reliure en chagrin tranches jaspées, 4 fr. 50 c.

Cortambert : *Petit atlas primaire*, composé de 15 cartes tirées en couleurs. Petit in-8, broché. 50 c.

— *Petit atlas élémentaire de géographie moderne*, à l'usage des écoles et des familles, composé de 22 cartes tirées en couleurs : 1. Planisphère ; 2. Europe physique ; 3. Europe politique ; 4. France physique ; 5. Chemins de fer de la France ; 6. France politique ; 7. France par provinces ; 8. France agricole ; 9. France industrielle et commerciale ; 10. Algérie ; 11. Colonies françaises ; 12. Iles Britanniques ; 13. Espagne et Portugal ; 14. Belgique et Pays-Bas ; 15. Europe centrale et Allemagne ; 16. Italie, Turquie, Grèce ; 17. Asie ; 18. Afrique ; 19. Amérique du Nord ; 20. Amérique du Sud ; 21. Océanie ; 22. Carte de l'histoire sainte. 1 vol. in-4, broché. 90 c.

Ouvrage adopté pour les écoles communales de la ville de Paris.

Le même ouvrage, accompagné d'un texte explicatif en regard de chaque carte. 1 vol. in-4, cart. 1 fr. 10

L'Atlas, sans texte, suivi d'une carte du département demandé. 1 fr. 15

L'Atlas, avec texte, suivi d'une carte du département demandé. 1 fr. 35

— *Petit atlas géographique du premier âge*, contenant 9 cartes coloriées : 1. Notions cosmographiques et géographiques ; 2. Mappemonde ; 3. Europe ; 4. Asie ; 5. Afrique ; 6. Amérique ; 7. Océanie ; 8. France physique ; 9. France par départements ; et précédé d'un texte explicatif. 1 vol. grand in-18, cartonné. 80 c.

— *Petit atlas de géographie moderne*, contenant 20 cartes, format 1/4 de jésus, imprimées en couleurs, savoir : 1. Cosmographie ; 2. Mappemonde et Termes géographiques ; 3. Planisphère ; 4. Europe physique ; 5. Europe politique ; 6. Asie physique et politique ; 7. Afrique physique et politique ; 8. Amérique méridionale et septentrionale ; 9. Océanie ; 10. France physique ; 11. France par anciennes provinces comparées aux départements actuels ; 12. France par départements ; 13. France : Versant de la mer du Nord ; 14. Versant de la Manche ; 15. Versant de la mer de France ; 16. Versant de la Méditerranée ; 17. Algérie ; 18. Colonies ; 19. Carte des chemins de fer de la France, de l'Allemagne et des pays limitrophes ; 20. France géologique. Grand in-8, cartonné. 2 fr. 50

Chaque carte séparément. 15 c.

— ATLAS A L'USAGE DES DE GRAMMAIRE ET D

Atlas (petit) ancienne, composé d vol. grand in-8, cartonné. 2 fr. 50

Atlas (petit) *de géographie du moyen âge*, composé de 15 cartes. 1 vol. grand in-8, cartonné. 2 fr. 50

Atlas (petit) *de géographie moderne*, composé de 20 cartes. 1 vol. grand in-8, cartonné. 2 fr. 50

Atlas (petit) *de géographie ancienne et moderne*, composé de 36 cartes. 1 vol. grand in-18, cartonné. 5 fr.

Atlas (petit) *de géographie ancienne, du moyen âge et moderne*, composé de 51 cartes. 1 vol. grand in-8, cartonné. 7 fr. 50

Atlas (nouvel) *de géographie moderne*, contenant 66 cartes. 1 vol. in-4, cartonné. 10 fr.

Atlas complet de géographie, contenant en 98 cartes la géographie ancienne, la géographie du moyen âge, la cosmographie et la géographie moderne. 1 vol. grand in-4, cartonné. 15 fr.

Chaque carte séparément. 15 c.

— ATLAS DRESSÉS CONFORMÉMENT AUX PROGRAMMES DE 1874, POUR L'ENSEIGNEMENT SECONDAIRE CLASSIQUE, à l'usage des lycées et des colléges, format in-8, cartonnés :

Chaque carte séparément. 15 c.

Classe Préparatoire (9 cartes). 1 vol. 1 fr. 50

Classe de Huitième (10 cartes). 1 vol. 1 fr. 50

Classe de Septième (15 cartes).
1 vol. 2 fr. 50
Classe de Sixième (27 cartes).
1 vol. 4 fr.
Classe de Cinquième (20 cartes).
1 vol. 3 fr.
Classe de Quatrième (23 cartes).
1 vol. 3 fr. 50
Classe de Troisième (20 cartes).
1 vol. 3 fr.
Classe de Seconde (29 cartes).
1 vol. 4 fr.
Classe de Rhétorique (30 cartes).
1 vol. 4 fr. 50
Classes de Philosophie, de mathématiques préparatoires et élémentaires (66 cartes). 10 fr.

— ATLAS DRESSÉS CONFORMÉMENT AUX PROGRAMMES DE L'ENSEIGNEMENT SECONDAIRE SPÉCIAL, format in-8, cartonnés :

Année préparatoire (12 cartes).
1 vol. 2 fr. 50
Première année (37 cartes). 1 volume. 6 fr.
Deuxième année (22 cartes). 1 volume. 4 fr.

Dubail et Guèze : *Cartes-croquis de géographie militaire*, dressées d'après les programmes de l'Ecole militaire; à l'usage des sous-officiers de l'armée. 1 vol. in-4º composé de 16 cartes, avec texte. 4 fr. 50

Henry (Gervais), instituteur primaire à Paris : *Cartographie de l'enseignement*, méthode pour apprendre la géographie de la France à l'aide de nouvelles cartes muettes à écrire :

1º Cartes des bassins physiques, format quart grand jésus : 1. Bassin du Rhin ; 2. Bassin de la Seine ; 3. Bassin de la Loire ; 4. Bassin de la Garonne ; 5. Bassin du Rhône. Prix de chaque carte : en noir, 6 centimes ; coloriée, 10 centimes.
2º Carte d'ensemble des bassins physiques, format grand raisin : en noir, 30 cent.; coloriée, 35 centimes.
3º Cartes des bassins politiques, format quart jésus ; comprenant les bassins du Rhin, de la Seine, de la Loire, de la Garonne et du Rhône. 5 cartes. Chaque carte en bistre, 6 centimes; coloriée, 10 centimes.
4º Carte d'ensemble des bassins politiques, format grand raisin : en noir, 30 centimes; coloriée, 35 centimes.
5º France physique écrite ; France politique écrite ; chaque carte, format grand raisin, coloriée, 60 centimes.
Ouvrage adopté pour les écoles communales de la ville de Paris.

Joanne : *Atlas de la France*, contenant 95 cartes (1 carte générale de la France, 89 cartes départementales, 1 carte de l'Algérie et 4 cartes des Colonies) tirées en 4 couleurs, et 94 notices géographiques et statistiques ; nouvelle édition, revue et complétée. 1 beau vol. in-folio, cart. 40 fr.
Chaque carte se vend séparément. 50 c.

Meissas et Michelot :

PETITS ATLAS FORMAT IN-OCTAVO.

Ces atlas sont autorisés par le Conseil de l'instruction publique.

A. *Atlas* (petit) *élémentaire de géographie moderne*, composé de 8 cartes écrites. 2 fr. 50
B. *Le même*, avec 8 cartes muettes (16 cartes). 3 fr. 50
C. *Atlas* (petit) *universel de géographie moderne*, composé de 17 cartes écrites. 5 fr.
D. *Le même*, avec 8 cartes muettes (25 cartes). 6 fr.
E. *Atlas* (petit) *de géographie ancienne et moderne*, composé de 36 cartes écrites, sur 30 planches. 9 fr.
F. *Le même*, avec 8 cartes muettes (44 cartes). 10 fr.
G. *Atlas* (petit) *universel de géographie ancienne, du moyen âge et moderne, et de géographie sacrée*, composée de 54 cartes écrites. 14 fr.
H. *Le même*, avec 8 cartes muettes (62 cartes). 15 fr.
Atlas (petit) *de géographie ancienne*, composé de 19 cartes écrites, sur 14 planches. 5 fr.
Atlas (petit) *de géographie du moyen âge* et des principales époques des temps modernes, pour servir à l'histoire de l'Europe depuis l'invasion des Barbares jusqu'à nos jours. 10 cartes écrites, précédées de notices historiques. 4 fr. 50
Atlas de géographie sacrée. 8 cartes écrites, sur 6 planches. 2 fr.
Chacune des cartes écrites séparément. 35 c.

GRANDS ATLAS FORMAT IN-FOLIO.

A. *Atlas élémentaire pour la nouvelle géographie méthodique*, composé de 8 cartes écrites. 6 fr.

B. *Le même*, avec 8 cartes muettes
(16 cartes). 11 fr. 50
C. *Atlas universel pour la nouvelle géographie méthodique*, composé de 12 cartes écrites. 10 fr. 50
D. *Le même*, avec 8 cartes muettes (20 cartes). 15 fr.
E. *Atlas universel pour la nouvelle géographie méthodique*, composé de 19 cartes écrites. 15 fr.
F. *Le même*, avec 8 cartes muettes (27 cartes). 21 fr.

Chaque carte se vend séparément. 1 fr.

CARTES MUETTES FORMAT IN-FOLIO.

Cartes muettes complètes, non coloriées, pour exercices géographiques sur la Mappemonde, l'Europe, l'Europe centrale, l'Asie, l'Afrique, l'Amérique, l'Océanie et la France.

Chaque carte séparément, 20 c.

CARTES MUETTES FORMAT IN-8.

Feuilles d'exercices géographiques sur la Mappemonde, l'Europe, l'Europe centrale, l'Asie, l'Afrique, l'Amérique, l'Océanie et la France, divisées en trois degrés : 1º cartes muettes complètes ; 2º cartes avec les méridiens, les parallèles et les contours des côtes ; 3º cartes avec les méridiens et les parallèles seulement ; lithographiées en noir sur demi-carré, avec de larges marges sur lesquelles les élèves peuvent écrire leurs compositions de géographie.

Les feuilles du 1er degré. La douzaine de chaque carte. 1 fr. 50
Les feuilles des 2e et 3e degrés. La douzaine de chaque carte. 1 fr. 20

§ 3. CARTES MURALES.

1. GRANDES CARTES MURALES MUETTES OU ÉCRITES

Par MM. *Meissas* et *Michelot*.

Chacune des cartes de MM. Meissas et Michelot est accompagnée d'un questionnaire qui est donné gratuitement aux acquéreurs de la carte à laquelle il se réfère. Chaque questionnaire se vend en outre séparément, 30 c.
Les cartes en 16 feuilles ont 1 mètre 80 centimètres de hauteur sur 2 mètres 30 centimètres de largeur. Celles en 20 feuilles ont 1 mètre 80 centimètres de hauteur sur 2 mètres 80 centimètres de largeur.
Toutes ces cartes sont coloriées.
Le collage sur toile avec gorge et rouleau et le vernissage se payent en sus : 1º pour les cartes en 16 feuilles, 12 fr.; 2º pour les cartes en 20 feuilles, 14 fr.

Géographie ancienne.

Empire romain écrit. 16 feuilles, 10 fr.
Italie et Grèce anciennes écrites. 16 feuilles, 10 fr.

Géographie moderne.

Afrique écrite, 16 feuilles, 10 fr.
Amériques septentrionale et méridionale écrites. 20 feuilles, 12 fr.
L'Amérique septentrionale, séparément, 12 feuilles, 8 fr.
L'Amérique méridionale, séparément, 8 feuilles, 6 fr.
Asie écrite. 16 feuilles, 10 fr.
Europe écrite. 16 feuilles, 9 fr.
Europe muette. 16 feuilles, 7 fr. 50

France écrite par départements, *Belgique et Suisse*, autorisée par l'Université. Nouvelle édition, où l'on a ajouté dans deux cartouches la division de la France en bassins et la division en gouvernements avant 1789. 16 feuilles, 9 fr.
Mappemonde écrite. 20 feuilles, 12 fr.
Mappemonde muette. 20 feuilles, 10 fr.

2. NOUVELLE CARTE MURALE MUETTE OU ÉCRITE

Par MM. *Achille* et *Gaston Meissas*.

France par départements, indiquant le relief du terrain, tirée en couleurs sur 12 feuilles jésus, mesurant ensemble 1 mètre 95 de hauteur sur 2 mètres de largeur, 15 fr.

Le collage sur toile avec gorge et rouleau et le vernissage se payent en sus, 12 fr.

3. PETITES CARTES MURALES ÉCRITES

Par MM. *Achille* et *Gaston Meissas*.

La *France*, l'*Europe*, l'*Asie*, l'*Afrique* et la *Palestine* ont 1 mètre de hauteur sur 1 mètre 30 centimètres de largeur ; la *Mappemonde* a 1 mètre 10 centimètres de hauteur sur 1 mètre 70 centimètres de largeur ; l'*Amérique* a 1 mètre de hauteur sur 1 mètre 95 centimètres de largeur.
Toutes ces cartes sont coloriées.
Le collage sur toile avec gorge et rouleau et le vernissage se payent en sus : 1º pour la *France*, l'*Europe*, l'*Asie*, l'*Afrique* et la *Palestine*, 5 fr.; 2º pour la *Mappemonde* et l'*Amérique*, 7 fr.

Afrique. 4 feuilles jésus, 5 fr.
Amériques septentrionale et méridionale. 6 feuilles jésus, 6 fr.
Asie. 4 feuilles jésus, 5 fr.
France par départements, *Belgique et Suisse.* 4 feuilles jésus, 4 fr. 50
Europe. 4 feuilles jésus, 4 fr. 50
Mappemonde. 8 feuilles grand raisin, 6 fr.
Palestine. 4 feuilles jésus, 6 fr.

4. GRANDES CARTES MURALES MUETTES OU ÉCRITES

Par *Ehrard.*

Ces cartes sont imprimées en couleurs sur 4 feuilles grand-monde, avec teintes graduées, et ont 1 mètre 60 centimètres de hauteur sur 1 mètre 78 de largeur. Elles donnent une idée exacte de la configuration du sol et rendent facile l'étude de la géographie physique.
Le collage sur toile avec gorge et rouleau et le vernissage se payent en sus, 12 fr.

France muette ou écrite, d'après la carte oro-hydrographique, publiée sous les auspices du ministère de l'instruction publique, par la Commission de la topographie des Gaules, 20 fr.
Europe, sous presse, 20 fr.

5. PETITES CARTES MURALES MUETTES OU ÉCRITES

par *Ehrard.*

France muette ou écrite, réduction de la précédente, imprimée en couleurs, avec teintes graduées, ayant 90 centimètres de haut sur 1 mètre 05 cent. de large. En feuille, 6 fr.
Le montage sur deux baguettes et le vernissage, ainsi que l'étui en carton destiné à recevoir la carte se payent en sus, 3 fr.
Le montage sur toile avec gorge et rouleau et le vernissage se payent en sus, 4 fr.

Europe muette ou écrite, imprimée sur un seul morceau de toile de 90 centimètres de hauteur sur 1 mètre 05 centimètres de largeur. Montée sur gorge et rouleau, 9 fr.

6. PETITES CARTES MURALES ÉCRITES EN UNE FEUILLE

A l'usage des écoles primaires
Par *E. Cortambert.*

En préparation
pour paraître en novembre 1875 :
Planisphère, France, Europe, Asie, Afrique, Amérique du Sud, Amérique du Nord, Océanie.

Ces cartes sur toile seront imprimées en couleurs et auront une dimension de 1 mètre 15 de hauteur sur 95 centimètres de largeur.

7. CARTES MURALES MUETTES SUR TOILE CIRÉE NOIRE

Par *M. Achille Meissas.*

Ces cartes sont destinées à servir de cadre et de base aux démonstrations et tracés du professeur ou aux exercices qu'il fera faire par ses élèves sous ses yeux.
Elles ont 1 mètre 10 centimètres de hauteur sur 1 mètre 70 centimètres de largeur, et se vendent avec gorge et rouleau :
France, 20 fr.
Europe, 20 fr.

8. CARTE MURALE DE LA FRANCE AGRICOLE

par *M. G. Heuzé.*

Cette carte est imprimée en couleur sur quatre feuilles colombier, ayant ensemble 1 mètre 10 centimètres de hauteur sur 1m.45 de largeur. 6 fr.
Le collage sur toile avec gorge et rouleau et le vernissage se payent en sus, 7 fr.

9. CARTE ROUTIÈRE ET ADMINISTRATIVE DU DÉPARTEMENT DU TARN

Dressée sous l'administration de M. Paul Lauras, préfet. 4 feuilles colombier tirées en couleurs, mesurant ensemble 1 mètre 20 centimètres de hauteur sur 1 mètre 65 centim. de largeur. 15 fr.

X

OUVRAGES EN PRÉPARATION

Dictionnaire universel de géographie moderne, par M. Vivien de Saint-Martin, président honoraire de la Société de géographie de Paris, membre correspondant de l'Académie royale de Berlin, des sociétés géographiques de Saint-Pétersbourg, de Berlin, de Vienne, de Rio-de-Janeiro, de New-York, etc.

Ce Dictionnaire contiendra, sur un plan entièrement neuf, la description de toutes les contrées et de tous les peuples, et la nomenclature de toutes les localités notables du globe, d'après les documents officiels, les relations anciennes et récentes, et tous les travaux modernes de topographie, d'hydrographie, d'ethnographie, d'archéologie, etc.

On peut dire que, depuis le commencement du siècle actuel, la géographie est renouvelée; elle est renouvelée par les innombrables explorations qui ont sillonné les terres et les mers, par le caractère sérieusement scientifique de ces explorations, par les grandes et fortes études qui en sont sorties. Aucun lexique, jusqu'à présent, n'a remis la science à jour : dépouiller la masse énorme d'écrits de tout genre où elle est déposée, relations, notices, recueils spéciaux, mémoires académiques, était une condition faite pour effrayer les plus forts et les plus courageux; c'est l'œuvre de toute une vie, d'une vie longue et laborieuse. L'auteur de l'ouvrage actuel y a consacré la sienne tout entière. Trente années d'études, de lectures assidues, de travaux préparatoires, et plus de quinze années données en très-grande partie à la rédaction du Dictionnaire, ont à peine suffi à la tâche.

L'impression de ce Dictionnaire est commencée, et les premiers fascicules paraîtront à la fin de l'année.

L'ouvrage complet formera deux gros volumes in-4°, imprimés sur trois colonnes.

**

Dictionnaire universel de géographie ancienne et du moyen âge, par le même auteur.

Ce Dictionnaire comprendra la géographie classique grecque et latine, la géographie byzantine, la géographie slave, la géographie des chroniques jusqu'au seuil des temps modernes, la géographie biblique et les autres branches de l'ancienne géographie orientale, arménienne, arabe et sanscrite, tirée des sources originales et disposée sur un nouveau plan.

L'auteur n'aurait accompli que la moitié de la tâche qu'il s'était tracée, s'il n'avait fait suivre son dictionnaire moderne d'un dictionnaire ancien. En renouvelant la géographie du globe, en précisant la topographie de l'ancien monde, les explorations et les études actuelles ont, du même coup, renouvelé la base presque entière de la géographie des temps passés. Deux fois lauréat de l'Académie des inscriptions pour des questions de géographie ancienne et de géographie orientale, auteur de nombreux mémoires sur un grand nombre de points particuliers, l'auteur s'est préparé depuis longtemps, et s'est préparé avec amour, à l'œuvre qu'il achève aujourd'hui. Son Dictionnaire comprendra, pour la géographie grecque, latine et sacrée, le dépouillement *complet* de tous les auteurs qui nous restent, avec la géographie des médailles et des inscriptions; et pour les autres branches de l'ancienne géographie, tant de l'Orient que de l'Occident, tout ce qui peut intéresser les études historiques, archéologiques et ethnographiques. La nomenclature, disposée sur un plan nouveau, sera complétée par le résumé, sur chaque point et sur chaque question, des travaux modernes qui les ont fixés ou éclaircis, avec l'indication complète des sources.

Ce Dictionnaire formera un beau volume imprimé dans le même format et avec les mêmes caractères que le Dictionnaire universel de géographie moderne.

**

Atlas universel de géographie moderne, ancienne et du moyen âge, en 95 feuilles, format grand jésus (55 centimètres sur 66), gravées sur cuivre par les meilleurs artistes, avec un texte analytique et critique, publié sous la direction de M. Vivien de Saint-Martin.

L'Atlas était le complément naturel, indispensable, des deux Dictionnaires; il en est l'expression graphique, comme les Dictionnaires sont le développement descriptif des cartes. Ce sont les trois termes d'un seul corps de doctrines. Nous n'insisterons pas ici sur la construction des cartes. Pour l'Europe et quelques autres contrées, les grands atlas topographiques ont fourni d'utiles documents; pour la plupart des autres pays en dehors de l'Europe, les cartes ont été construites par M. Vivien de Saint-Martin lui-même, sur l'ensemble des matériaux fournis par les explorateurs.

L'atlas comprend trois grandes divisions : la géographie actuelle, physique et politique; le moyen âge, et la géographie ancienne, conformément à la liste placée en tête de l'Atlas.

Nous ne parlerons pas de l'exécution matérielle; on peut en juger par les spécimens que l'on a dès à présent sous les yeux. Il nous sera permis de dire néanmoins, sans méconnaître le mérite éminent et la belle exécution de quelques-uns des atlas dont l'Allemagne s'honore, que jusqu'à présent aucun n'avait présenté la perfection artistique à laquelle la nôtre a pu atteindre, perfection dont l'honneur revient en grande partie à M. Étienne Collin, le premier de nos graveurs de topographie.

Cet Atlas comprendra cent cartes environ. Il paraîtra par livraisons. La première livraison sera publiée vers la fin de cette année.

* *
*

Atlas-Manuel de géographie classique ancienne et moderne, à l'usage des Colléges, des Écoles secondaires et spéciales, du commerce et des gens du monde. 100 à 120 cartes gravées sur cuivre, format raisin (45 centimètres sur 55), publiées sous la direction de M. Vivien de Saint-Martin. Par le format moindre de ses cartes et par sa composition, ce second atlas se distingue tout-à-fait du précédent : il ne fait nullement double emploi. Dans plusieurs de ses parties il est une réduction du grand Atlas; mais il renferme en outre un grand nombre de cartes spéciales. Il est d'ailleurs gravé par les mêmes artistes, enluminé avec le plus grand soin, et dans toutes ses parties, malgré l'extrême modicité de son prix, exécuté avec la même perfection artistique. Beaucoup de cartes sont fort avancées et paraîtront prochainement.

* *
*

Londres, illustrée par Gustave Doré et décrite par Louis Énault. 1 magnifique volume in-4°, contenant 150 gravures et un plan, broché. 50 fr.

* *
*

Voyage de la Hansa et de la Germania au Pôle Nord, rédigé d'après les relations officielles par D. Gourdault. 1 vol. in-8° raisin, avec un grand nombre de gravures et de cartes, broché. 10 fr.

* *
*

Colonel Warburton : *Voyage à travers l'intérieur de l'Australie occidentale*, avec une introduction et des notes, par Ch. Éden. 1 vol. in-8°, avec gravures et cartes.

Le dernier journal de David Livingstone dans l'Afrique centrale, depuis 1865 jusqu'à sa mort, suivi du récit de ses derniers moments, par H. Walter. 2 vol. in-8°, avec gravures et cartes.

*_**

Thomson : *Voyage en Chine* (1870-1872). 1 vol. in-8°, avec gravures et cartes.

*_**

Expédition du Polaris. 1 vol. in-8° avec gravures et cartes.

TABLE DES MATIÈRES

		Pages.
I.	Dictionnaires géographiques	3
II.	Nouvelle géographie universelle, par Élisée Reclus	4
III.	Le Tour du monde	5
IV.	L'Année géographique, par Vivien de Saint-Martin	6
	Histoire de la Géographie, par Vivien de Saint-Martin	7
V.	Voyages	8
VI.	Ouvrages divers	12
VII.	Guides et itinéraires	14
VIII.	Géographie de la France	18
IX.	Ouvrages d'enseignement. — § 1. Livres	20
	§ 2. Atlas	21
	§ 3. Cartes murales	24
X.	Ouvrages en préparation	26

PARIS. — IMPRIMERIE VIÉVILLE ET CAPIOMONT
rue des Poitevins, 6.

www.ingramcontent.com/pod-product-compliance
Lightning Source LLC
Chambersburg PA
CBHW050759170426
43202CB00013B/2487